爱的语言
融合中西文化的沟通智慧

阮胤华 著

扫码听书

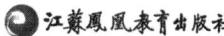

图书在版编目(CIP)数据

爱的语言:融合中西文化的沟通智慧 / 阮胤华著.
南京 : 江苏凤凰教育出版社, 2024.10. (2024.11重印)
— ISBN 978-7-5743-1102-2

Ⅰ. C912.11

中国国家版本馆 CIP 数据核字第 2024X4L418 号

感谢您使用本书。您在使用本书时如有建议或发现质量问题,
请联系我们。
【内容质量】电话:4008281910
【印装质量】电话:4008283610

书　　名	爱的语言:融合中西文化的沟通智慧
作　　者	阮胤华
责任编辑	丁金芳　段晗胭
装帧设计	张金风
出版发行	江苏凤凰教育出版社(南京市湖南路1号A楼　邮编210009)
苏教网址	http://www.1088.com.cn
照　　排	江苏凤凰制版有限公司
印　　刷	南京爱德印刷有限公司
厂　　址	南京市江宁区东善桥秣周中路99号(邮编211153)
开　　本	787毫米×1092毫米　1/16
印　　张	14
插　　页	1
版　　次	2024年10月第1版
印　　次	2024年11月第2次印刷
书　　号	ISBN 978-7-5743-1102-2
定　　价	56.00元
网店地址	http://jsfhjycbs.tmall.com
公 众 号	苏教服务(微信号:jsfhjyfw)
邮购电话	025-85406265,025-85400774
盗版举报	025-83658579

苏教版图书若有印装错误可向承印厂调换
提供盗版线索者给予重奖

我很尊重这一代的中国人重新去发现传统智慧和艺术的深度和美。对自己的传统缺乏认识和理解，是件不幸的事情。当我看到年轻的一代人致力于寻找自己文化的根——不只是保存和发现过去，而是想要真正地理解、整合，使传统在现代社会焕发活力，服务于现代生活，我感到欣慰和鼓舞。据说，为了成长，我们同时需要根和翅膀。在混乱和痛苦中，人们容易急于插上翅膀，而忘记自己的根。我很高兴听到这样的志向：在学习外来文化的同时，确保自己文化的根得到欣赏、培育和发扬。

——国际非暴力沟通中心理事会前主席　吕靖安

目录

1　前言

第一章　爱的语言的核心

6　引言
7　爱,需要觉察
10　运用注意力的方法
12　表达和倾听
13　沟通心态的重要性
16　培养良好的心态
18　**练习一:培养良好的心态**

第二章　了解和澄清事实

22　给人说话的机会
24　澄清事实的方法
25　**练习二:关注事实**

第三章　体会真实的情感

28　情感:心灵的窗户
32　情感词汇表

第四章　关注深层次愿望

36　聆听彼此的心声

40 聚焦人的共性

42 常见愿望词汇表

44 词汇表的运用

46 **练习三：关注情感和愿望**

第五章　明确具体的请求

52 "抱怨"的礼物

56 培养"请求"的勇气

58 **练习四：关注请求**

第六章　诚恳地表达自己

62 运用四要素

64 心里乱乱的，怎么办？

66 选择表达的时机

68 不带评判地提出请求

72 勇于承认错误

74 适当地批评、抱怨

75 如何拒绝他人

80 **练习五：诚恳地表达自己**

第七章　关切地倾听他人

86 理想的倾听状态

89 关注四要素

90 深入倾听的方法

94 引导妨碍倾听

97 "感同身受"妨碍倾听

100 结束倾听的时机
103 倾听与表达
107 练习六：关切地倾听他人

第八章　让家庭更有爱

112 关注自己的需要
114 回应父母的需要
121 面对夫妻关系的挑战
126 如何教育子女
131 练习七：体会家人的愿望

第九章　让工作更顺心

134 职场压力管理
138 读懂领导
141 既自主，又团结
143 如何做好思想工作
146 练习八：体会同事的愿望

第十章　处理与他人的冲突

150 确立沟通目标
152 了解双方的情况
153 遵循沟通规律
156 调整沟通心态
158 让自己得到关心
165 学会凝聚共识

第十一章 调解他人的矛盾

- 170 确立调解目标
- 172 澄清事实,消除误会
- 174 把握谈话的节奏
- 176 帮助一方调整状态
- 177 协助对话,促成共识

第十二章 角色扮演与冲突调解

- 184 一个成功的案例
- 199 角色扮演的要点

第十三章 融合中西方智慧

- 202 两种价值观
- 205 兼收并蓄,做更好的自己
- 207 实现更深的和谐

- 213 附录一:爱的语言模式
- 214 附录二:爱的语言词汇表
- 215 后记

前言

2005年底,我接触到了马歇尔·卢森堡博士的《非暴力沟通》英文版,这本书对我的生活产生了重要的影响。在接触非暴力沟通之前,我曾对一些个人成长的方法很感兴趣,但实践了很多年以后,我发现这些方法对自己的帮助不大。可如果不继续实践的话,我又感到惭愧,觉得自己不够努力,所以就比较纠结。在这样的背景下,我接触到了非暴力沟通,真是喜出望外。马歇尔认为,一个人要聆听自己内在的声音,去关注自己内心的感受和需要。看到马歇尔的观点,我一下子就释然了。我心想,是啊,我不能不管自己是一个什么样的状态,就拿着一个观点压在自己身上,我得考虑我自己的实际情况。从此,我的生活就有了一个关键性的转折,我学会了结合自己的实际情况来考虑自己到底应该怎么生活。

非暴力沟通不仅帮助我转变了对个人成长的态度,还帮助我转变了对社会的态度。2008年,我在《非暴力沟通》译序的开头写道:"我曾以为,我的一生将致力于对生命的痛苦作出反应。后来,我发现,这过于沉重、过于灰暗。如果我只看到痛苦,我的心难免会被乌云所笼罩,被绝望所吞没。在徘徊中,终于有一天,我发现,我的人生可以对生命的美丽作出反应。当我看到了美——

自己、他人以及其他生命的美,我心中充满了柔情,也找回了生活的热情与活力。这个转变,我很大程度上归功于卢森堡博士发现的非暴力沟通模式。"这段话写得有点抽象,但它反映了我当时的心境。那个时候,我受一些思想的影响,认为我们的生活方式正在毁灭地球,对主流文化有一些排斥。这样,人也就很压抑。学了非暴力沟通以后,我开始对自己和他人多了一些理解、体谅,同时更多地关注到生活中美好的一面,特别是人与人之间情意的流动。这让我的心变得柔软,对人也多了许多热情。

也是在2008年,我开始正式给人介绍非暴力沟通。几年后,有个美国朋友来听我的课,他跟我反馈说,非暴力沟通给美国人的触动和给中国人的触动不太一样。如何处理人际关系,非暴力沟通有两个基本的主张:一是强调人的自主性,即每个人要能够从自己的实际需要出发来选择生活,而不要依赖权威的意见;二是强调相互依存,即我们要考虑所有人的需要,不能在解决问题的时候,只想着满足我们自己。他认为,非暴力沟通对自主性的强调给我们中国人的触动比较深,对相互依存的强调给美国人的触动比较深。我想,这和中美的文化差异有关系。我们的文化强调对长辈的责任、对家庭的责任、对社会的责任等,许多人很努力地去满足这些期待,但可能因此压抑了自己的一些需要,以致心存委屈,比较苦闷。这个时候,非暴力沟通提醒我们去关注自己的感受和需要,从自己的需要出发去做事情,让很多人松了一口气。但对于美国人来讲,他们的文化本来就强调自主性,这一点对他们的触动就不会那么大。但是,怎么样在自主的基础上,让彼此能够比较融洽地生活在一起,对美国人的触动可能就会更大一点。

非暴力沟通的学习和实践给我带来了许许多多的感动。然而,随着时间的推移,通过观察学习者遇到的困难和对传统文化的学习，我对非暴力沟通的一些主张产生了很大的疑虑。比如，非暴力沟通主张的不做评判等观念和传统文化中明是非、辨善恶的思想构成了一对尖锐的矛盾。我开始意识到从中国文化出发发展非暴力沟通的意义。我想要找到一种方法，既能够发挥人的自主性和促进人的交流，又能够兼容我们已有的一些思维习惯。

2020年，《爱的语言》出版了。《爱的语言》从传统文化的角度切入，用现代的语言阐述传统的爱敬之道，同时又融入了基于非暴力沟通的沟通技巧。《爱的语言》出版后，我得到了不少肯定，特别是一些喜欢传统文化的朋友十分欣赏这样的努力。他们发现《爱的语言》能够帮助他们将传统文化中的一些道理更好地"落地"，让自己的人际关系更加和谐。然而，我也发现，这样的叙述角度也有它的局限性：对于急切想要学习如何运用非暴力沟通的读者，和一些喜欢西方心理学的朋友，似乎隔了一层。为了更好地服务于不同类型的读者，我对书的内容和结构都做了不小的调整，比如调整叙述的角度、增加对中西方文化的比较等。

现代社会发展变化快，各种思潮让人目不暇接。我深切地感受到学习传统的爱敬之道，以及西方文化中"关注内在"的方法，对我们处理好人际关系的意义。我衷心地希望，本书既有助于读者感受到传统文化的智慧与优雅，也有助于读者看到西方文化的美与力量。

由于本人水平有限，不足之处在所难免，欢迎大家批评指正。

阮胤华
2024年8月

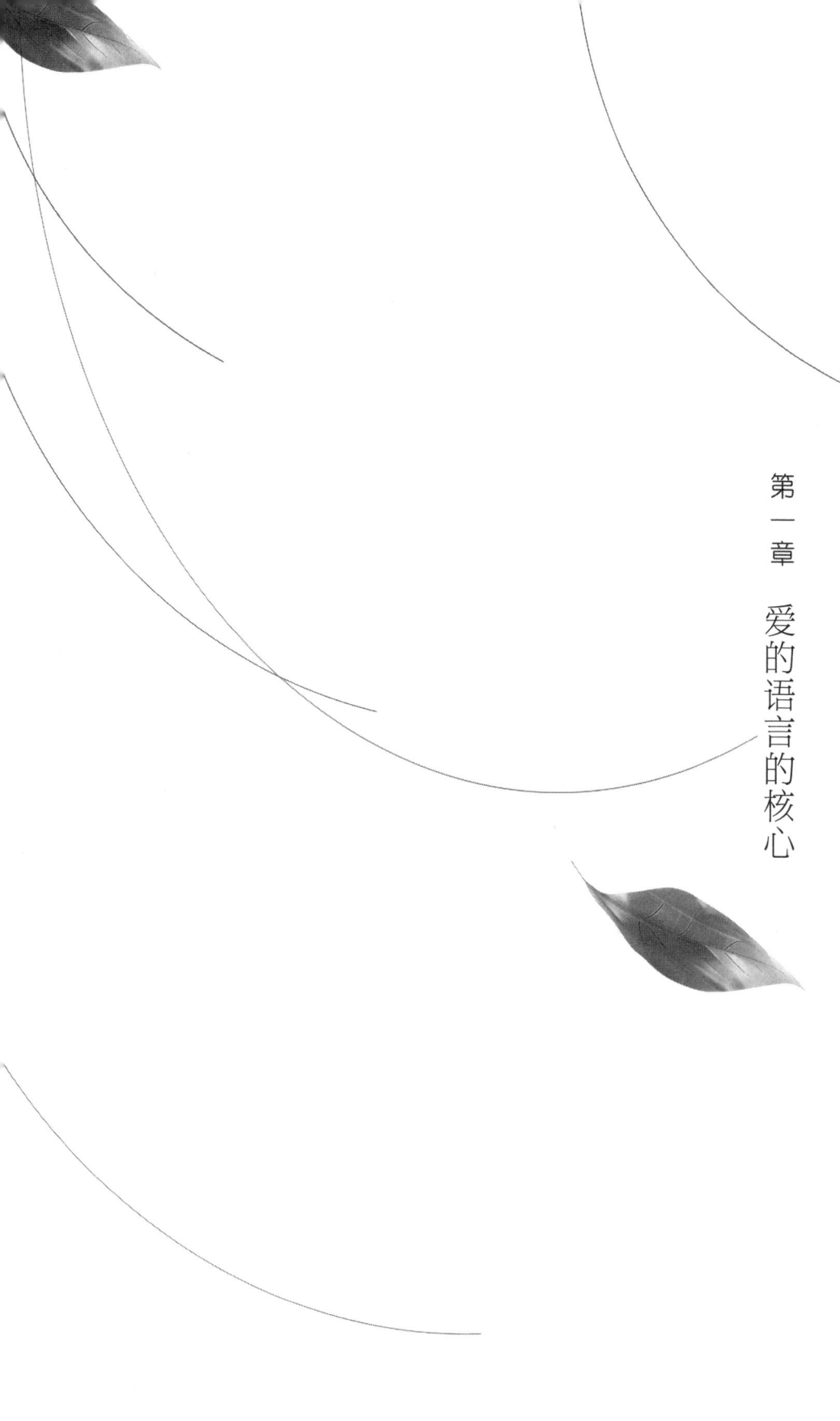

第一章 爱的语言的核心

引言

2006年,我在印度听马歇尔·卢森堡博士讲课的时候,他有一个说法给我的印象很深。他讲到"Nice dead man",即"死气沉沉的好人"。在我们成长的过程中,父母和老师常常要求我们克制自己的冲动,要照着正确的观念去做事情。他们说,这样是对的,你应该这样做;那样是不对的,你不应该那样做。虽然我们能够理解他们的好意,但如果我们习惯于顺从别人的期待,而不懂得关注自己真实的情感和愿望,很可能会感到很压抑,成为马歇尔所说的"死气沉沉的好人"。

那如何恢复我们作为人的活力呢?马歇尔认为,我们需要关注自己当下的感受和需要,有意识地去做符合我们需要的事情,而不是机械地遵循一些"正确的"观念。马歇尔的建议对我的生活来说是革命性的,让我开始密切关注自己内心的真实的情感、愿望,并重新审视自己已经接受的各种观点和对自己的各种要求。这让我找回了真实的自己,同时也改善了与他人的沟通。

认识自己和提升沟通能力,都是现代人关心的话题。在这方面,我先是受到马歇尔倡导的非暴力沟通的启发,后来又深受传统文化的启发。我把自己从中西方的智慧中学到的方法有机地结合在一起,并称它为"爱的语言"。我希望它能够帮助人们亲近自己的内心,更好地照顾自己所爱的人,实现和谐的人际关系。

爱,需要觉察

学习非暴力沟通的时候,波斯诗人鲁米的话深深地打动了我:"在对与错的区分之外,有片田野。我将在那里见你。"在我们有很明确的是非观的时候,我们可能就会压抑自己"不正确的"情感、想法。这时,走入对与错之外的那片田野,把是非放一边,我们就可以更好地体会自己。同样的,以这样的态度对待他人,也会有助于我们了解他人。

下面是一位父亲陪伴女儿的故事:

晚上,女儿(初一)回到家里,躺在床上说非常累,心里很烦躁。我走进房间,看着女儿,想让她赶紧去写作业。她一脸不高兴和无奈地说:"很烦,很烦。"

我停了一下,然后问她:"哦,今天干什么了,这么累?还有烦心事啊?"

女儿特别不耐烦地扫了我一眼,似乎很反感。

我静静地坐在她的旁边,陪着她。

过了一会儿,她说:"今天准备学校六一的舞蹈,整整一个下午,胳膊酸了,手臂也晒黑了。这个世界没有什么公平的事情……"她一边说,一边叹气。

我安静地陪着她,体会她那无奈又愤愤不平的感觉。

女儿接着问了很多问题:"为什么只有实验班的同学,才可以去听学校的各种讲座？为什么表演活动期间，学生会的同学有吃的，而表演的同学没有呢？为什么老师可以骂学生、可以批评学生，而学生就只能是听着，就因为要尊重老师？为什么孩子一定要听家长的，无论孩子说的是对还是错？为什么老师喜欢打小报告的学生而且喜欢鼓励这种行为？……"

我按捺住自己想要回答的冲动，让她尽情地诉说。在过去，我会对她有这么多负面评价感到忧虑，会急于纠正她。今天，我体会到的却是她的失落、伤心、无奈、无助和无力……以及她是多么地渴望得到老师和家长的关心、理解和公正的对待。有几次，我的眼睛都湿润了。

她和我说："班级同学有时上课吵闹，我们女生就用更大的声音敲桌子，大家就静下来了。最后，整个班级就发展出来了一种用手拍桌子的有韵律的音乐，我们都很开心，因为大家一起做一件事。可是，老师不问青红皂白，就严禁我们拍桌子。我多么希望有哪个音乐老师或是美术老师能够看到我们的创造，而鼓励我们去表演、去发挥啊！"

我问她："你有没有得到过公正的对待或者鼓励呢？"

她说："有的。比如以前有一位老师逢年过节就给全班每一个同学一份零食，大家都是一样的，一个巧克力三颗糖。我们感到很开心，也感受到了被关心和重视。还有一次，有个同学受了伤，一个老师立即和同学们送那个同学去医务室。医生处理好后，老师对其他同学说：'你们赶紧回去上课吧，否则又要挨骂了。'这让我特别感动。可是，这几个同学回到教室后，正在上课的那个老师不让她们进课堂……那个老师说：'你们总是想各种理由逃课！'这让我体会到了一种不被理解的无奈和伤心。"

我问她最开心的时候是什么时候。她说:"老师尊重我们的时候,老师理解我们的时候,我们被公正对待的时候,老师对我们有耐心的时候……"

我们谈了两个多小时,她说了很多,从小学说到了初中。我才知道她一直提心吊胆地度过了小学生活,她现在想起来还觉得害怕。写这些文字的时候,我的鼻子很酸,眼睛是湿润的。孩子读了七年的书,但我似乎还是第一次听到她内心的声音。

后来,我说:"时间不早了,你还想和我说吗?"

她说:"要,要说很多很多。"

我说:"我们先吃饭,然后写作业。我担心,你今天排练舞蹈没有上课,作业和功课要做得比较晚。接下来的几天,我每天都听你说烦心事好吗?"

她说:"我很烦,就没法集中精力写作业,作业写得太晚,就会睡得晚,睡得晚,明天上课和表演就会表现不好,表现不好,就会被老师说,就会被罚,周末可能就要写检查,最后就要被叫家长……"

我体会着她的心情,和她开了个玩笑。她放松了很多,说要赶紧去写作业了。

这次和孩子的交谈让我体会到,很多时候,孩子在家里需要的可能就是耐心的倾听、理解和陪伴。她的心情不烦躁了,就可以更好地学习和休息,还可以更好地听别人讲不同的意见。

这位父亲通过耐心的陪伴了解到女儿读书七年来的痛苦,特别是女儿小学时一直都是提心吊胆的。我想这会成为他一生难忘的经历。他的经历对我们来说也是一个宝贵的提醒。爱，需要觉察。为了做到这一点，我们有时要慢下来，与自己、与他人相遇在"对与错之外的那片田野"。

运用注意力的方法

不论是认识自己，还是认识他人，都有很多种方法。在爱的语言中，我们把注意力放在它的四个要素上：事实、情感、愿望和请求。

首先，我们关注事实：实际上发生了什么？这个时候，我们留意自己或他人看到的、听到的、想到的，等等。比如，在前面的故事中，女儿回家后不想马上做作业，认为有的老师喜欢打小报告的学生等，都是事实。在这里，我们要注意，虽然女儿对老师的这个看法不一定符合事实，但女儿对老师有这样的看法是一个事实。如果我们爱一个人，我们就要想办法了解他，包括他的经历，以及他对生活的抱怨等。

其次，我们关注情感。当女儿心里有那些不满时，她体会到的情感可能是无奈、愤怒等。如果我们想要理解一个人的内心世界，情感就是宝贵的线索。

接着，我们关注愿望，特别是人们普遍都有的一些愿望，如安全、理解、支持、尊重等。比如，女儿感到无奈、愤怒，反映了她渴望得到关心、尊重、理解等。如果我们爱一个人，那我们就要把他的愿望放在心上，特别是他内心深处的渴望。

最后，我们关注请求：为了满足愿望，人们对自己或别人具体的期待。比如，为了能够得到理解，女儿希望爸爸能够多听她倾诉。关注请求，有助于我们清晰地表达自己以及回应他人的诉求。

在沟通的过程中,我们关注自己和他人的这四个方面。具体而言:

1. 关注我的四个方面:
当我看到、听到、想到……(描述事实),
我感到……(描述情感),
我需要或看重……(描述愿望),
我想要请他(或自己)做……(描述请求)。

2. 关注他人的四个方面:
当他看到、听到、想到……(描述事实);
他感到……(描述情感);
他需要或看重……(描述愿望);
他想要请我(或自己)做……(描述请求)。

运用这个模式体会自己,这位爸爸可能会这样描述自己的状态:当我看到女儿经历了这么多困难,我感到很遗憾、内疚,我看重理解和陪伴孩子,我希望自己能够多关心孩子的内心世界。而在体会孩子时,他可能会发现:当她想到她在学校的遭遇时,她感到很无奈、很生气,她需要被理解和尊重,她想请我多陪陪她。这样,通过这四个要素,他就基本了解了自己和他人的情况。

爱,需要了解一个人的实际情况。在忙碌的生活中,我们需要找到简明的方法来理解自己、理解他人。爱的语言就是这样的一种方法。它帮助我们在纷繁复杂的生活中,提炼出我们所需要知道的一些关键的信息。

表达和倾听

在生活中,语言上的相互攻击或内心的对抗,常常会给我们带来压力。关注爱的语言的四个要素,不仅有助于我们了解自己和他人的情况,还有助于我们诚恳地表达自己,以及关切地倾听他人。下面是爱的语言的两个主要应用场景。

应用场景1:用不带评判的语言表达自己

当我们对别人有评判、指责和要求时,我们先关注自己留意到的事实、情感、愿望和请求,然后用不带评判的语言表达自己。

比如,当一位女士抱怨她爱人经常晚回家时,她可以按下面的步骤来理解自己:

事实:这一周,我看到他每天都是8点以后才回到家。我在心里抱怨他:"你怎么天天都这么晚才回来,你还想不想要这个家?"

情感:孤单、生气。

愿望:想要得到关心、陪伴。

请求:希望他至少有一两个晚上能回来一起吃饭。

在理清自己的思路后,这位女士可以考虑用她爱人觉得自然的语言不带评判地表达自己:"这一周,你每天晚上8点多才回来,我感到很孤单,下周工作不太忙的时候,你早点回来,我们一起吃晚饭,好吗?"

应用场景2:关切地倾听他人

当别人对我们有评判、指责和要求时,我们关注他体会到的事实、情感、愿望和请求,并把我们的理解用语言反馈给他。这样,我们就为自己深入地了解对方创造了条件。

比如,听到这位女士的请求后,她爱人抱怨她太黏人了,她可以按以下步骤来理解她爱人:

事实:最近,公司要求他……他又听到我请他……他刚才抱怨我说:"你也太黏人了,我现在工作压力大,你又不是不知道。"

情感:他感到无奈、郁闷、生气。

愿望:他想要得到理解、包容、支持。

请求:他希望我这段时间能通过其他的方式照顾自己。

在体会爱人的情况后,她可以考虑用她爱人觉得自然的语言表达自己的理解:"听到我刚才那么说,你是不是很郁闷,你希望我能对你多一些理解?"如果她爱人能够体会到她真诚的关心,心情应该就会好一些。这样,双方也许就可以从"对抗"走向"合作",看看如何更好地兼顾双方的需要。

爱,需要双向奔赴。如果一方在不断地付出却体会不到另一方的情意,这样的爱是难以持续的。爱的语言不仅帮助我们理解自己和他人的需要,还帮助我们提升沟通技巧,来促进彼此之间情意的流动。

沟通心态的重要性

孟子说:"爱人者,人恒爱之;敬人者,人恒敬之。"孟子认为,只要待人以爱以敬,我们一般就可以实现互爱互敬的关系。待人以爱以敬,也就是爱的语言的核心。只有把爱人、敬人这两个方面都放在心上,我们才能比较好地运用爱的语言的沟通技巧,实现和谐的人际关系。

下面是一位学员处理夫妻矛盾的故事:

我老公经常要出差,可是他又特别恋家。前几天,他在广州有个会议,原定时间是10号下午2点。其他同事都是9号就到广州,在那边住一晚,第二天可以很从容地参加会议。可是,为了在家多待一个晚上,他买了早上的动车票到广州,时间排得特别紧。后来,会议的时间提前了半个小时,他坐动车无论如何都来不及,就改乘飞机过去,挺折腾人的。

9号晚上,我一觉醒来,快到凌晨一点了。老公还没睡,在那里看手机。

我:"你怎么还没睡呀?这么晚了。"

老公:"睡不着,我看一下报表。"

我:"你看报表看数据,可以明天早上早点起来看,没有必要熬夜看。"

这时,我又开始想数落他。接着,在我的脑海中,浮现了下面的场景:

我:"你这个人怎么回事,熬夜伤身体你不知道吗?这么大一个人了,你连自己都管不了,平常还想让大女儿不熬夜?"

老公:"你怎么这么说话呢。我还不是恋家,放心不下你才睡不着。"

我(一脸鄙夷不屑):"真出息呀,你!你出差,你不是经常出差的吗?不都是我一个人带3个娃,有什么不放心的?一个大老爷们,这点事都放不下,还能干啥大事情!"

老公(气得说不出话来):"你不知好歹,你,你……"

想到这些,我强行把到了嘴边的话咽了回去。我心想,现在刚刚学了爱的语言,是不是可以换一种方式跟他沟通呢?

我:"你出差后,我一个人在家带3个娃,你是不是有点不放心?"

老公:"是哦。"

我:"你觉得我一个人在家带孩子很辛苦,你想帮我多承担一些,是吗?"

老公(满脸被理解后的宽慰):"是的,是的。"

我:"我感受到了你对这个家的眷恋,对孩子们的爱,嗯,我全部都接收到了。谢谢你把这个家看得这么重!这让我感觉很幸福!"

老公(一脸满足、欣慰的笑,双眼盯着我看):"真的?"

我:"但是我觉得你不能因为这个熬夜伤身并影响到工作,因为你的健康还是第一位的,你的工作也很重要哦。"

老公(微微一笑,点点头):"我确实是想帮你多承担一些,多待一个晚上。"

我:"谢谢你!我希望你不要熬夜,是怕你伤身体,你知道吗?健康的你是我们全家人的依靠。所以,我想请你爱护好你的身体。"

老公:"知道了,知道了。"

我:"你既然睡不着,我们就聊聊天吧,我就陪你聊聊。"

老公:"其实我早就想跟你聊聊天,但是看你睡得那么香,不忍心打扰。"

我:"没事,我现在也已经醒了,我们就聊一会儿吧。"

后来,我们俩敞开心扉聊了半个多小时后,就安然入睡了。

爱,需要方法。这位女士原来说话的方式给人感觉不是那么尊重她老公。但在我看来,她其实很看重她老公,她原来说话看上去有些不礼貌,那是因为她没有找到更好的方式来提醒老公照顾好自己。由于她对她老公本来就心存爱敬,所以,学习爱的语言后,她很快就用上了。这不仅使她实现了自己的沟通目的,还促进了夫妻双方的感情。

培养良好的心态

爱的语言讲的是爱自己和爱他人的方法。但爱的动力来自哪里呢?从我自己的经验来看,爱的动力主要是来自对他人和社会的感情。当我们的心里充满对别人的感情时,我们就会想要表达自己的爱。

在我的生活中,我特别感激学校的老师们,不论是小学、中学,还是大学,我都体会到了不少老师深深的关心。在《我的母亲》一文中,老舍写道:"我之所以能成为一个不十分坏的人,是母亲感化的。"我常常想,在步入社会后,我没有成为一个很坏的人,是老师们感化的。每次回想起我这方面的经历时,我都能在内心体会到暖意。我想这些经历和它们所带来的美好感觉已经成了我人生的底色,使我后来即使在感到迷茫的时候,也不至于觉得人生过于灰暗。

谈到老师,我还想起了《非暴力沟通》英文版的编辑吕靖安老师。大约二十年前,我满怀热情地给非暴力沟通中心写信,说我要翻译《非暴力沟通》这本书。当时,我没有翻译书的经验,而且对非暴力沟通的了解也很有限。没有想到的是,第二天,我就收到了吕老师的回信。她热情地说,她也特别希望《非暴力沟通》有中文版,请我告诉她,她可以怎么做来配合我。从那时起,她不仅指导我翻译《非暴力沟通》,还关心我的生活,给了我许多帮助。吕老师对我的接纳和帮助改变了我的生活。如果没有她的热情帮助,我就不会对非暴力沟通有这么深入的了解,并把它和中国文化相结合。我感激她不求回报的付出,从她那里,我感受到一种对人、对社会真诚的关心。每当我想起像吕老师这样的人,我就会在自己的内心中感受到一种力量——一种让我变得温暖、坚强的力量。

我相信,当我们把注意力放在令我们感动的人和事上时,通常就会有说不完的故事。我对生活的一个重要认识是:心是活的。我们可以有意识地培养自己的心态。我们越是把注意力放在令我们感到温暖的人和事上面,我们也就越能够受到它们的熏陶和鼓舞。而我们对人、对社会的感情越深厚,也就越有力量面对生活的艰难困苦,越能关心和照顾他人。这样,爱的语言也就有了内在的动力,就不会成为无源之水、无本之木。

小结

爱一个人,需要了解他的具体情况。为此,我们有时需要慢下来,把是非对错放在一边,与人相遇在"对与错之外的那片田野"。爱的语言强调关注以下四个要素:事实、情感、愿望和请求。关注这四个要素,不仅有助于我们理解自己和他人,还有助于我们提升表达和倾听的能力。

爱的语言的核心是待人以爱以敬。只有把爱人、敬人都放在心上，我们才能比较好地运用爱的语言的技能。

爱，需要感情基础。我们可以有意识地培养自己的心态。我们对人、对社会的感情越深厚，也就越有力量面对生活的艰难困苦，关心和照顾他人。这样，爱的语言也就有了内在的动力。

练习一：培养良好的心态

爱和敬，是实现和谐关系的两个要点。想要爱人、敬人，我们要先有相应的思想感情基础。为此，我们在平时就要注意培养自己的心态。这并不是说我们要去认同别人的价值观和生活方式，而是看看我们是否可以对他人多一些真诚的感情以及由衷的欣赏，并采取积极的行动。

个人练习

请想一个对你的人生特别有影响的人。然后，回忆你们交往中令你印象深刻的一件或几件事情。最后再想一想，如果你有机会为他做点事情，你会是什么感觉。拿一个本子把你的回忆和思考记下来。

个人练习示范

一位朋友在做练习时谈到了她的老师：

对我人生有影响的人很多,不知为什么,脑海里首先想到的是孙老师。孙老师并不教我,但他是我们学校唯一的市特级教师,我听过他的讲座。当时,我妈妈在学校办公室工作,也认识他。

高三下学期有段时间,我成绩很不理想,心态也不好。我认为自己学得不好,很笨,也没办法学好。我压力很大,情绪很低落。孙老师可能从别人那里了解到了我的情况,有一天,他来家里看我,还给我讲了几道题。他讲了什么题,我现在记不清了。但他的一句话深深打动了我当时敏感、脆弱的心。他说:"我希望好孩子都能有好结果。"我还记得他看向我的样子。当时,我有些心虚,心想,如果他知道真相,一定不会还觉得我是"好孩子"。后来我又想,难道孙老师不知道最近我的成绩都不好?他怎么还认为我是好孩子?年级里有那么多比我好、比我有前景的孩子,他百忙之中竟然抽出时间关心我这样一个普普通通的学生……我感受到了极大的善意、信任、慰藉和鼓励。

后来,高考时我正常发挥,考上了理想的大学。我打电话给他报喜。虽然我跟他说了谢谢,但我说得非常客气、平淡。没想到,我大一时,他就因病去世了。

回忆起这段经历,我忽然感受到,在自己的人生中,曾经有家人之外的人愿意这样花时间、花精力来关心我,真的是非常幸运和值得感恩的事。如果有机会为他们做点事情,表达自己的感激之情,那是很幸福的事情。如果可以,我非常希望,能带着此时此刻真切的、由衷的感情,去看望他并对他说:"孙老师,谢谢您!那样的时刻,真的很需要来自老师的信任和鼓励,您的话深深地温暖了我的心。"

团体练习

如果有条件团体学习的话,可以 4～5 人一组,每个人在小组中分享自己的回忆和思考。然后等所有人都完成练习后,再依次分享练习体会,特别是练习对自己心态的影响。

第二章 了解和澄清事实

爱的语言的第一个要素是"事实"。"事实"在这里是指沟通双方的实际经历,包括双方看到的、听到的、想到的,等等。如果我们在意一个人,我们就会去留意他的生活中发生了什么事,他是不是有什么困难,等等。

给人说话的机会

有时,别人在心里有一些想法,但不方便说出来。如果我们给人自由表达的机会,并试着准确地去把握他的意思,那就为我们了解他人创造了良好的条件。

在带领工作坊时,我常常会邀请大家做一个自我介绍练习。练习是三人一组,三个人分别担任甲、乙、丙三种角色。在练习时,甲介绍自己,乙和丙如实地反馈他们听到的内容。要点是,乙和丙不要加入自己对甲的看法。下面是一位朋友的练习体会:

当我以甲的身份讲述自己的经历时,另外两个小伙伴认真倾听我的叙述,我感觉特别温暖。这让我能够坦然讲述自己的遭遇。

在乙复述我的经历时,有两个点让我内心猛地一揪,眼泪差点流下来:一个是父亲对母亲的酒后家暴;另一个是初中我抑郁时,有个男生帮助了我。

我意识到,父母之间糟糕的关系带给我的伤痛并没有完全愈合。这个事情,我之前一直捂得严严实实的。所以,在这么安全的环境里提起,并被别人用心地复述时,我感到了自己内心的痛,同时也因为得到陪伴和倾听而释然一些。

另外,与那个男生的关系是我的一个心结。初中时的自己很自卑,最严重的时候到了近乎抑郁的状态。幸运的是,有一个男生在三年时间里一如既往地对我好。那种无条件的爱是我枯竭生命里的一股清泉,支撑我走过了人生最黑暗的岁月。但那时被家人要求上学不能早恋,我克制着自己。高考看成绩那天,我俩远远对望但没有交流。从那之后,我们彻底失去了联系。我很想表达对他的感激,但一直没有机会说。我很庆幸这次练习给了我一次表达自己的机会,让我可以打开心结。

通过这次练习的经历,我认为可以对自己信任的人去讲述自己的故事。这个过程就是一种自我疗愈。

这看上去是一个很平常的练习。叙述者只是有机会讲讲自己的人生故事,并得到认真的陪伴和反馈。然而,和这位朋友一样,许多朋友在这个练习中都特别有触动。他们觉得自己得到了深深的接纳和理解。学员的反馈让我意识到,许多人在生活中缺少真正的沟通。他们希望有机会自在地去表达自己的心声,并得到认真的聆听。虽然他们回忆的、想到的,不一定都很客观,但他们有这样的一些想法,这就是事实。如果我们能够静下来聆听他们,并关心他们的处境,我们的心就会接近。

同时,不少朋友还发现,准确地复述其他人的话并不容易。一是,我们很难记全别人讲的;二是,我们理解的和别人想要表达的有差距。这个发现对许多人改善人际关系都很有帮助。因为,如果像工作坊的现场那样,大家没有特别的矛盾,那么认真地听,还会有这么多误解的话,那实际生活中就难免会有更多的误解了。这个领悟也帮助人们看淡自己对他人的成见,并意识到澄清事实的重要性。

澄清事实的方法

在生活中,越是亲密的人,越要注意澄清事实。因为我们往往会觉得自己很了解对方,仿佛对方还没有张口,就知道他要说什么。这就容易造成双方的隔阂。如果能够搁置成见,注意澄清事实,情况往往会比我们想的要好。我有个朋友以前有个烦恼是,她早上起来做早餐的时候,她先生经常会问:"今天早上吃什么?"那时,她孩子在家吃早餐,他们想要把早餐弄得丰富一点。每次听到先生这么问,她都感到很烦躁,觉得先生对自己不放心。后来,她终于问她先生究竟是怎么想的。她先生回答说:"如果你没准备,我就起来弄啊!"这时,她才意识到,他是想要帮忙,而不是觉得她早餐做得不好。

在对人有意见时,我们可以通过以下步骤来澄清事实:首先,留意自己对他人的看法;其次,明确自己的观察,也就是自己实际上看到了、听到了什么;第三,核实自己的观察是否准确,评估自己的看法是否客观。下面的表格以前面讲的早餐的故事为例,来说明这个过程。

澄清事实
1. 留意自己对他人的看法。
例　他对我不太信任,觉得我的早餐做得不够有营养。
2. 明确自己的观察:我看到或听到了什么?
例　最近,他经常会问:"今天早上吃什么?"
3. 我的观察准确吗?我对他人的看法客观吗?
例　这么短的问话,我应该不会听错。那他是不是真的嫌我早餐做得不够好呢?还是有别的原因?我可以问问他。

同样的，有时别人也难免会误会我们。面对别人的误解，我们也不妨冷静下来，聆听他人的看法，并给予适当的解释。

小结

爱的语言的第一个要素是"事实"。为了深入地了解一个人，我们要注意给人说话的机会，并注意澄清事实。

练习二：关注事实

个人练习

练习：澄清事实

请结合最近发生的一件事情，填写下面的表格。

澄清事实
1. 留意自己对他人的看法。
2. 明确自己的观察：我看到或听到了什么？
3. 我的观察准确吗？我对他人的看法客观吗？

个人练习示范

练习：澄清事实

请参考本章"澄清事实的方法"这一部分的内容。

团体练习

一、练习目的

1. 体会被倾听的意义。
2. 体会如实地反馈他人信息的意义。

二、练习人数

可3人一组练习。

三、练习过程

1. 分组前,每个人先花两三分钟回顾自己的人生经历,选择自己有意分享的六个点。(可用笔写下自己想要分享的时间、事件)

2. 分组后,小组的三个人分别担任甲、乙、丙三种角色,然后按以下三个步骤展开练习。

第一步:甲用五分钟时间介绍自己,乙和丙安静地聆听,不要询问和做记录。

第二步:乙如实地反馈他听到的内容。在乙反馈完后,丙再补充乙没有反馈的内容,并说出与乙意见不一致的地方。

注意:乙和丙不要加入自己对甲的看法。

第三步:甲谈谈自己练习的体会,并对乙和丙反馈不准确的地方作出澄清。

3. 按这个流程,所有人都分别以甲、乙、丙三种角色完成练习。

4. 每个人再谈谈练习体会。

第三章 体会真实的情感

爱的语言的第二个要素是"情感"。情感为我们了解自己和他人提供了宝贵的线索。通过关注情感，我们就可以了解自己对一件事情真实的反应：我是赞同还是反对？喜欢还是不喜欢？我有多重视这件事情？我为什么重视这件事情？——这是自我了解的基础。同样的，关注情感还可以帮助我们更好地了解他人真实的状态。

情感：心灵的窗户

在鲁米的诗集《在春天走进果园》中，有一首名为《客栈》的诗：

人生就像一所客栈，
每天早晨都有新的客人。

"欢愉""沮丧""卑鄙"，
这些不速之客，
随时都可能会登门。

欢迎并且礼遇他们！
即使他们是一群惹人厌的家伙，

即使他们
横扫过你的客栈，
搬光你的家具，
仍然，仍然要善待他们。
因为他们每一个
都可能为你除旧布新，
带来新的欢乐。

不管来者是"恶毒""羞惭"，还是"怨怼"，
你都当站在门口，笑脸相迎，
邀他们入内。

对任何来客都要心存感念，
因为他们每一个，
都是另一世界
派来指引你的向导。

这些年，不论是日常生活，还是工作中，我一次又一次地见证了这些"向导"带给人们的帮助。

下面是一位朋友坦然面对"负面情绪"的故事：

决定生宝宝后，我一直都很认真地对待这个事情。每一次产检，宝宝都非常配合；而每一次听到医生夸赞宝宝发育得非常好时，我整个人都充满了喜悦。可是，两周前去检查时，医生

的诊断让我一瞬间掉入了冰窟窿。

当我拿着胎心监护的结果去面诊室找医生看时,医生的反应就已经让我有些担心了。医生说宝宝胎心太快,还有宫缩,需要进一步检查。进一步检查后,三个医生的诊断结果都是羊膜囊突出,有流血症状,即将早产。医生告知我需要转院到设备和技术都更好的医院去。医生让我在面诊室坐着不要动,等待转院的通知。几分钟后,医生建议我们自己开车去,这样会更快。我赶紧给等候在外的先生发了信息,告诉他宝宝可能要出生了,让他回家取待产包,然后来接我转院。

接下来的几分钟,我坐在面诊室,表面上不慌不忙,但心里忐忑不安。我脑子里出现了一连串的负面想法:"宝宝现在才35周,这个时候出生,一定会和妈妈分开,住进冰冷的新生儿科保温箱里。35周的宝宝身体机能还没有完全发育成熟,这个时候出来,他柔弱的身体能坚持吗?万一身体的某个器官没有发育好,造成先天疾病怎么办?据说早产的宝宝身体不好,长年累月都要跑医院,智力也会受一定的影响吧……"我越想越害怕,这些问句仿佛一个个"紧箍咒",全部套在我头上,使我呼吸困难,四肢发软,头嗡嗡作响。

这时,我开始想自己整个孕期做了什么才会导致这样的结果。我想到自己一直把时间排得满满的——学做美食,一日三餐亲力亲为,参加各种线上学习、讲课,做个案咨询,等等。在晚上不能入睡时,我还起来继续看书学习。这样算下来,我每天休息的时间不足8小时。这让我陷入了深深的自责:宝宝今天的状况,一定是我没有休息好造成的。这时,我的心情变得更加沉闷,无所适从。

指责完自己,我开始在心里指责先生。我认为他不重视宝宝,不重视我。他平时只是嘴巴嚷着叫我好好休息,却不强制我好好休息。原本上周五产检,但因为他那天太忙,推迟到了这个周一。如果没有推迟,早点发现,早点治疗,就不会这样了。所以,在他来接我时,我用充满指责的语气对他说:"医生说了要按时检查,这样有什么异常情况,也能第一时间发现并处理……"他很淡定地对我说:"我知道你现在很担心。不要焦虑,万一真的要生了,我们就去面对,总有办法解决的。"听他这样说后,我就更委屈了。不久后,我看到好朋友发来的信息:"昨晚睡着了吗?今天状态怎么样?……"还没读完,我的眼泪就掉下来了。指责自己,指责先生,使得我整个人身心都被负面情绪裹挟着。

转院的路上,一阵眼泪洗刷后,我渐渐平静下来。我想,这个时候思考怎么办,远比去追究这是为什么要有用。我知道我看重宝宝的健康,希望宝宝出生后每一天都能平安快乐。那么,妈妈的情绪就很重要。这时,我用到了爱的语言对待"负面情绪"的方法。我提醒自己,不要着急赶走它,而是允许自己在身体里体会到它,并感受自己的愿望。然后,我在心里和宝宝说:"我很担心,我希望你可以坚强一些,不要那么着急出来,妈妈还没有完全准备好呢。一直以来,妈妈坚持给你写胎教朗读稿,用朗读与你互动,为你赋能,你可以的。如果你真的迫不及待地想要在这个时候和妈妈见面,妈妈也特别开心,也会欢迎你的到来。有任何问题,我们一起面对和解决。"

这样一来，虽然之前的害怕、忧心、焦虑等情绪还在，但程度已经减轻了很多。渐渐地，我的情绪稳定下来了，有了信心和勇气来面对自己的处境。十分庆幸，在医生密切的监护下，经过两周的疗养，我顺利度过了"早产危险期"，各项指标也都正常了。

我们可能会把愉快的感受看作是好的、正面的，欢迎它们的到来；而把不愉快的感受看作是不好的、负面的，希望早点摆脱它们。由于受过爱的语言的训练，这位朋友在人生的艰难时刻，坦然面对那些所谓的"负面情绪"，并体会自己潜藏在那些情感中的渴望。然后，她通过与宝宝对话，对不同的情形做了安排。这帮助她从"忐忑不安"变得"情绪稳定"，最后顺利渡过了难关。

有句古话说："情绪牵人不自由。"有时我们可能难以面对一些强烈的情感，需要转移注意力或外界的支持来帮助自己调整状态。但情感反映了我们内心的渴望，可以用来帮助我们理解人、照顾人。如果我们想要客观地、深入地理解自己或他人，就像鲁米说的，"对任何来客都要心存感念"，而不能只关注愉快的感受。

情感词汇表

在体会自己或他人的情感时，我们使用的词语越准确，就越能够贴近自己或他人的状态。下面的情感词汇表可以用来帮助我们描述自己或他人的情感状态。

情感词汇表	
愉快的感觉	**不愉快的感觉**
喜悦　快乐　开心　舒心 欣喜　惊喜　惬意　畅快 自在　自由　放松　轻松 安心　踏实　放心　平静 温暖　温馨　感激　感动 欣慰　宽慰　鼓舞　振作 幸福　满足　甜蜜　舒畅 坦然　舒展　兴奋　庆幸 自豪　期待	沮丧　灰心　消沉　沉重 伤心　悲伤　心凉　心累 害怕　恐惧　紧张　担心 焦虑　着急　慌乱　绝望 麻木　迷茫　烦躁　不耐烦 郁闷　苦恼　气愤　生气 不安　纠结　反感　厌烦 内疚　惭愧　尴尬　不情愿 嫉妒　抓狂　失望　委屈 震惊　遗憾　懊恼　无奈 无力　无助　孤单

说明： 情感给了我们线索去了解一个人。把情感分成愉快的和不愉快的，是为了方便阅读和使用，而不是说，表格左边的情感就是"好的""积极的"，右边的情感就是"不好的""消极的"。

在使用词汇表描述情感时，我们可以考虑使用下面表格中的句式。

描述情感的句式	
句式	例句
我感到……	我感到欣喜。
我觉得有点……	我觉得有点郁闷。
我很……	我很期待。
你是不是……？	你是不是有些不耐烦？
你很……是吗？	你很感动，是吗？

说明： 在与人谈话时，描述他人的情感，可以考虑使用疑问句，给对方澄清的机会。

第三章　体会真实的情感

小结

爱的语言的第二个要素是"情感"。我们通过关注情感来了解自己和他人的内心世界。此外,为了更好地描述情感状态,我们可以使用情感词汇表并熟悉一些常用的句式。

第四章 关注深层次愿望

爱的语言的第三个要素是"愿望"。在与人交流时,我们要注意了解自己或他人想要的是什么。除了了解表面的愿望,我们还可以关注深层次愿望,特别是人们一般都有的一些愿望。

聆听彼此的心声

在与人交流时,我们有时需要留意不同层次的愿望。例如,一位女士希望她先生下班后早点回家。在更深的层面,她可能是需要得到陪伴、协助,或体会到先生的爱和忠诚等。我们越是了解彼此的深层次愿望,就越能够贴心地照顾自己和他人。

然而,在遇到矛盾时,许多人常常倾向于抱怨别人,却没有仔细想想自己的深层次愿望。反过来,在听到别人的批评和指责时,他们一般也很难去关心对方到底想要什么。如果我们在冲突中,能够注意聆听彼此内心深处的渴望,就可以加深相互之间的理解,然后再一起想办法来解决问题。

有个朋友在有一年春节回先生老家前,和她先生发生了争执。他们有只猫,名叫"烤鸭"。她不放心把"烤鸭"放在宠物店,想要带回去,但她先生对这样的安排有顾虑。这个朋友想到她在工作坊中的练习,于是,她就邀请她先生和她一起做练习。在练习中,他们用到了情感词汇卡和愿望词汇卡。下面是她记录的对话过程:

第一部分：争吵

我："过年把'烤鸭'带回老家可以不？"

他："不行。"

我："为什么？"

他："送哪都行，就是不能带回老家。"

我（各种磨叽）："……你怎么这么没爱心？！"

他："我都说了不行就是不行！你哪怕送宠物店寄养都可以！"

我："宠物店？不行的，'烤鸭'会郁闷的。宠物店只会把它天天关笼子里，也不会陪它玩，吃不好睡不好的。"

他："那你想怎么办？除了带回老家，都可以。我已经答应你，同意在家里养猫，但带回老家就算了。"

我："……"（又是几轮软磨硬泡）

他："你一天天光围着猫转，能不能也关心一下别人。"

我："那不带就不带吧，我还嫌老家天天开大门，各种环境对'烤鸭'不好呢……"

他（生气了）："你说什么？再说一遍试试？"

我："……"（嘀嘀咕咕，不敢继续说，其实已经意识到不对了）

他（盯着我）："……"

我溜了，关上房间门，去洗漱，洗漱过程中冷静了许多。

第二部分：倾听练习

我："和我做个游戏吧。"

他（眼神疑惑地盯着我）："行。"

（拿出卡片，讲规则）

我："你先来。"

（他开始体会我的情感，猜测我的愿望）

他:"你是不是有点着急,希望我能够支持你,同意你的请求?"

我:"嗯。"

他:"你是不是有点无奈,希望我能够理解你,给'烤鸭'一个安全的生活环境?"

我(眼睛开始湿润):"嗯。"

他:"你是不是有点焦虑,害怕'烤鸭'在宠物店会孤单可怜,怕它受委屈?"

我(开始抽泣、吸鼻子):"嗯。"

他:"你是不是有点生气,觉得我不近情理,希望我包容你一些,能和你情意相通?"

我:"嗯。"

(轮到我去体会他的情感,猜测他的愿望)

我:"你是不是有点无奈,希望我能与你情意相通,能考虑家庭和睦的需要?"

他:"嗯。"

我:"你是不是有点着急、生气,希望我尊重你的想法,支持你的建议,把'烤鸭'送去寄养?"

他:"嗯。"

我:"你是不是有点孤单,希望我多关心你,不要老是只顾着'烤鸭'?"

他:"嗯。"

第三部分 达成一致

我:"咱俩彼此反馈一下?"

他:"你先说。"

我："我觉得你说'无奈''焦虑'的时候很戳中我。确实如此，我很担心它，但我也不知道该怎么办，一心觉得带在身边最好……当然，我也为我刚才冲动的言语感到抱歉。我实际上不是那样想的，希望你不要介意。"

他："我明白。那你想听我也说说我的想法吗？"

我："嗯。"

他（拿起"无奈"，找出"倾听"）："我更多的是感到无奈，我希望被倾听，还有被理解。我已经说出了我的建议，但你就是不听劝，我能怎么办？"

我："我当时能想出的最好办法就是随身带着它啊，一心就想着这个呢。"

他："我为什么觉得不带回老家就行？想不想听？"

我："为啥？"

他："三个原因：一是，我相信，把它放家里，给足吃喝，它能过得比你还好。二是，就算带回老家，你养哪里？天天关笼子，还是放养？老家都是天天开大门的，估计带回去就跑没影了，找都找不回来。或者你把自己和猫一起锁房间吗？过年回家也不管别人，就跟猫玩啊？三是，老家人多嘴杂，你知道乡下人的，人家要是说闲话怎么办？'啊，小夫妻赶时髦，不养孩子养只猫。'你不替自己，也替爸妈想想。"

我（点头）："说的是有道理，我刚才有点情绪化了。"

……

在这个互动中，通过她先生的反馈，她得到了很好的理解。这帮助她平静下来聆听先生的建议，并和先生达成了一致。最后,他们决定把猫留在家里。他们给猫准备了充足的猫粮、水和猫砂,并且在家里安装了两个摄像头观察猫的情况。七天后,等他们回到家时,猫反而和他们更亲密了。

这对夫妻最初的争吵围绕着"带猫还是不带猫",当他们聆听了彼此的主张背后的原因后,他们一起找到了让双方都满意的解决方案。这也是为什么在冲突中,我们有时需要关注深层次愿望:不再执着于特定的解决办法,而把注意力放在双方心底深处的愿望上,然后再看如何灵活地解决问题。

聚焦人的共性

体会深层次愿望时,我们可以聚焦人的共性——大家一般都有的一些愿望,如被理解、被支持等。由于拥有这些愿望是人之常情,当我们关注这些愿望时,不仅获得了一个理解人的角度,还常常可以培养对自己、对他人的善意。

下面是一位朋友谈她如何面对父母的矛盾:

说起冲突,我从小就见过不少。逢年过节,父母之间的互骂就更是家常便饭了。小时候,遇到父亲喝多了和母亲吵架时,我很害怕,不敢出声,有时还会假装睡觉。长大以后,虽然我不再那么害怕,但还是很无奈。后来,我开始试着去理解他们吵架的原因。当我把注意力放在他们心底的愿望时,我对父母吵架有了不一样的感受。

有一次,我从深圳回老家。晚饭后,母亲坐在沙发上准备看电视,父亲嘴里含着豆腐丝对母亲说:"你再吃一口,就都吃完了。"

母亲:"我不吃,我饱了,你自己吃吧。"

父亲:"我吃不下了,再吃就有点撑了。"

母亲:"吃不下就扔了呗,吃不下还吃,你傻呀。"

父亲:"你混蛋。"

母亲:"你……"

我坐在一边看着他俩,没有了害怕与躲藏,倒有点想笑:这么大嗓门,可真有生命力呀。通过关注他们行为背后的愿望,我意识到爸爸这么要求妈妈是因为他看重节俭,妈妈拒绝爸爸是因为她看重健康、自在。他们都需要尊重,但他们表达自己的方式只是让他们更加难受。想到这些,我赶紧站起来说:"爸,给我吧,我吃。"然后我和他们开玩笑说:"你俩身体不错呀,这嗓门,中气很足嘛。本来我不在你们身边,还有点不放心你们的身体,这下我可放心了。"他们都笑了,两个人都坐了下来,一起看电视。

从那以后,我就不害怕他们吵架了。有时,妈妈会给我打电话数落爸爸,比如问我"你爸就是个神经病,你说是不是?"过去,我会左右为难:不附和,怕妈妈生气;附和,自己心里也难受。现在,我就可以很轻松地面对她了。我不会和以前一样说爸爸有什么不好,而是会去表达对她的关心,比如,"你气坏了呀,发生了什么?""嗯,你希望爸爸对你能多一些尊重"等。有时,我还会说几句体谅爸爸的话。每次聊完,妈妈都会觉得轻松一些。我觉得这样的效果比过去附和她要好得多,毕竟他们还要一起过日子,还是少一些心结好。

父母吵架原来让这位朋友很头疼。在一次冲突中,当她把注意力放在了父母的心愿上时,她看到了他们的行为中也有她认同的价值观——节俭、健康、自在,同时也看到了他们的无奈。这不仅激发了她对父母的关心,还让她看到了解决问题的办法。而这次成功的调解也给了她启发:在父母吵架时,她可以多关心双方的情感和愿望,而不用勉强自己选边站。从那以后,她终于能够自如地面对父母的冲突了。

面对冲突时,当我们把注意力放在这些深层次愿望上时,我们对冲突的原因也就有了不一样的理解。这样,我们不仅可能会改变对他人的看法,还有可能找到新的思路来使一些看似无解的问题得到解决。

常见愿望词汇表

下面的常见愿望词汇表汇集了我在工作中经常用到的一些描述深层次愿望的词语。

常见愿望词汇表
(我们一般都有的一些愿望)
运动　休息　睡眠　健康　安全　劳逸结合
情意相通　和谐　家庭和睦　情义　友谊　亲密关系　归属感
诚实　坦诚的交流　信任　倾听　理解　接纳
原谅　包容　欣赏　肯定　尊重　支持　效率
配合　合作　体贴　关心　陪伴　平静　放松　轻松　心安
玩耍　欢笑　乐趣　自由　洞察力　创新　突破
信心　勇气　力量　开放的心态　学习　成长　自我了解　自我接纳
自主　自立　自律　空间　方向感　生活的意义　自我价值

在描述自己或他人的深层次愿望时,我们可以有意识地把某种深层次愿望和满足愿望的方法区分开来。比如,有位女士感到孤单,她需要陪伴,她希望她老公每天一下班就回来。这时,相对于"老公一下班就回来","陪伴"是她的深层次愿望。为了满足这个愿望,她可以找老公陪伴,也可以找朋友陪伴。也就是说,在描述深层次愿望时,我们尽量不要包括具体的人或事。这样,我们就可以多一些弹性。

下面是我们描述深层次的愿望时可以使用的一些句式:

描述深层次愿望的句式	
句式	例句
我需要(想要)……	我需要(想要)陪伴。
我看重(在意)……	我看重(在意)情义。
你需要(想要)……是吗?	你需要(想要)陪伴,是吗?
你看重(在意)……是吗?	你看重(在意)情义,是吗?

说明: 在与人谈话时,描述他人的深层次愿望,可以考虑使用疑问句,给对方澄清的机会。

此外,我们要注意人的愿望可能有多个层次。我们对一个人的愿望理解得越深,在满足愿望时就越灵活。比如,有位女士希望她老公一下班就回家,她的深层次愿望是"陪伴",在更深的层面,她想要的可能是"关心""体贴"等。如果她老公能够用其他的方式满足她对"关心""体贴"的渴望,那她对他一下班就回家的要求可能就不那么迫切了。

第四章 关注深层次愿望

词汇表的运用

对于爱的语言的学习来说,掌握丰富的"情感"词语和"常见愿望"词语是非常重要的。我们掌握的词语越多,我们对自己和他人的状态的描述就有望越贴切。在开始的时候,我们可以把词汇表打印出来,在平时用来体会自己。此外,我们还可以运用词汇表帮助别人体会自己。

下面是一位妈妈分享的育儿故事:

今天接大女儿(七岁,一年级)放学,她有点不开心。她在车上告诉我,今天他们数学老师希望她能去参加校外数学比赛,可是她在校内就被淘汰了!我问她淘汰的原因,她说是因为口算速度慢了。她觉得自己太弱了,×××小学的学生肯定更厉害。我一直安慰她,说人都是一样的,不是哪个学校的就更厉害,只要认真学习,勤奋练习,都厉害……我一路上说了不少,但是回家后,她还是很沮丧,噘着嘴,回房间写作业了。

作业写完了,我检查完作业,然后拿出来爱的语言的情感和愿望词汇表。

我问她:"今天这件事,你什么心情?"

她选了"灰心""苦恼""失望""委屈"。

对"灰心""苦恼""失望",我说了我的理解,问女儿对不对。她说是的。

然后我问:"那为什么有委屈?"

她说:"因为题目太难了,字太小了!我看不太清!"

我问:"这四个情感的词语,你能不能选两个你感受最强烈的?"

女儿说可以,然后选了"灰心"和"委屈"。

我问她:"那愿望你会选什么?"

女儿毫不犹豫地选了"学习",然后又朝我笑了笑说:"我可以选一个这个表里没有的吗?"

我说:"当然可以。"

于是她笑呵呵地说:"我还要选择'吃零食',学习可以让我取得进步,吃零食可以让我放松。"

看着大女儿,我突然很想抱抱她,就问她能不能抱一下。她扑倒在我怀里,我告诉她,我此刻的心情是开心和放心。

大女儿疑惑地问:"为啥我不开心你还开心,跟我的心情相反?"这时,我跟她解释了是因为觉得她对自己有要求,所以很开心;还有,她能安排好自己的事情了,让我觉得很放心。

小朋友非常开心,跳起来吃饭去了。

看到孩子情绪低落,这位妈妈想要孩子振作起来好好学习,可是孩子依然情绪低落。从孩子选择"委屈"来看,妈妈的话并没有说到点子上。孩子认为自己的失利不完全是能力问题。在孩子借助词汇表更好地理解了自己,并得到了自己敬爱的妈妈的理解后,她也就能够对已经发生的事情感到释然了。

"工欲善其事,必先利其器。"通过练习和实际运用,我们就可以熟悉这些"情感"词汇和"常见愿望"词汇。这样,我们也就可以更好地理解自己和他人。

小结

爱的语言的第三个要素是"愿望"。除了表面的愿望,我们还要关注彼此的深层次愿望,特别是人们常有的一些愿望,如理解、支持等。为了更好地描述深层次愿望,我们可以使用常见愿望词汇表,并熟悉一些常用句式。此外,我们可以把词汇表打印出来,在平时自己使用,或用来协助他人体会自己。

练习三:关注情感和愿望

个人练习

练习1:创建自己的常见愿望词汇表

请在下面的表格中填写你认为人们一般都有的一些愿望。

常见愿望词汇表 (我们一般都有的一些愿望)

练习 2:体会情感和愿望

结合前面的情感词汇表和常见愿望词汇表,体会下面句子中的发言者可能有怎样的情感和愿望。

例句:"妈妈,我这次数学考得很不好。"

情感:害怕、伤心。

愿望:安慰、鼓励。

1."老公,能不能好好吃饭,别老看手机?!"

情感:

愿望:

2."一想到上班,我就头大。"

情感:

愿望:

3."我爸爸太固执了,劝他去医院检查,他怎么也听不进去。"

情感:

愿望:

4."你一点都不关心我。"

情感:

愿望:

5."终于盼到假期了,我们一起去旅游怎么样?"

情感:

愿望:

个人练习示范

练习 1：创建自己的常见愿望词汇表

请参考本章常见愿望词汇表。

练习 2：体会情感和愿望

1."老公,能不能好好吃饭,别老看手机?!"

情感:郁闷、生气。

愿望:陪伴、交流。

2."一想到上班,我就头大。"

情感:沮丧、紧张。

愿望:放松、和谐。

3."我爸爸太固执了,劝他去医院检查,他怎么也听不进去。"

情感:担心、着急。

愿望:理解、配合。

4."你一点都不关心我。"

情感:失落、伤心。

愿望:理解、体贴。

5."终于盼到假期了,我们一起去旅游怎么样?"

情感:开心、期待。

愿望:陪伴、放松。

团体练习

一、练习目的

1. 在交流时,关注对方的情感和愿望。
2. 练习体会自己的情感和愿望。
3. 熟悉本章常见愿望词汇表中的词语。

二、练习材料

1. 情感词汇卡 10 张。以下词语供参考:

开心、温暖、感动、鼓舞、幸福、孤单、无奈、郁闷、着急、生气。

2. 愿望词汇卡 36 张。

词语请参考本章常见愿望词汇表。

3. 空白卡片若干张。

(备注:卡片的尺寸可为名片的尺寸。)

三、练习人数

可分 5~6 人一组练习。

四、练习步骤

1. 倾诉者讲一件具有一定感情色彩的事情。小组成员留意他的心情,以及他在意或渴望什么。

2. 倾诉者分享完了以后,大家猜猜他有怎样的心情。

例句:想到这个事情,你是不是感到_____?

反馈者在反馈时递上相应的情感词汇卡。如果没有现成的卡片,可填写空白卡片。倾诉者只是礼貌地点头收下,不做肯定或否定的表示。

3. 然后,大家试着猜猜他当时在意的是什么。

例句:你想要/看重/在意_____,是吗?

同样的,反馈者在反馈时递上相应的愿望词汇卡。如果没有现成的卡片,可填写空白卡片。倾诉者只是礼貌地点头收下,不做肯定或否定的表示。

4. 倾诉者给大家反馈。

例句:我感到_____,我想要_____。

倾诉者选择自己特别看重的三个愿望并作说明。

5. 大家交流练习体会。

五、练习要点

1. 保持中立。在聆听时,我们容易认同倾诉者对问题的认识和情感。我们要注意保持中立、客观的态度,试着不做评判,也不帮他解决问题,而只是专注于了解倾诉者的情感和愿望,并作反馈。

2. 结合愿望词汇卡,关注和反馈深层次愿望。例如,一位女士希望她爱人不要经常出去和朋友聚餐。她深层次的愿望可能是呵护先生的健康。这时,反馈者就可以挑选写有"健康"这个词语的卡片,并对倾诉者说:"你想要照顾到他的健康,是吗?"

第五章 明确具体的请求

爱的语言的第四个要素是"请求"。在了解深层次愿望后,我们要注意明确自己究竟希望对方怎么做;同时,也要关心他人对自己有什么具体的期待。明确彼此的请求,将有助于我们建设性地解决问题。

"抱怨"的礼物

抱怨他人通常是一件不愉快的事情。但我们可以把"抱怨"看作是生活的礼物,通过它来了解自己对别人的期待。然后,我们看看是不是可以通过提出具体的请求来满足期待。

我有个朋友为自己爱抱怨感到烦恼。她谈到唠叨的坏处:

对于有些人来说,唠叨是一件很难自我控制的事情,尤其是急脾气的人,一件看不顺眼的事情发生后,不唠叨出来简直会要了他的命。因为的确是对方做错了啊,的确是太让人生气、失望了。如果不唠叨、不说出来,对方怎么能知道错在哪里、怎么改呢?在不太遥远的过去,我发觉我就是这种人!不顺心时唠叨的力量势不可挡,这还真让我苦恼。一是,唠叨的时候自己本身很痛苦,从来没有一次是喜滋滋地唠叨,都是又气又急、又痛又恨。二是,唠叨的年限越长,受到的阻击就越大,能痛快唠叨的机会就越少。特别是被唠叨的人还学会了间接或直接反击,一不留神没唠叨好,还会直接导致一场恶吵,自己非但没达成目的还搞得家里气氛很差。

她对女儿经常有意见,特别是会在心里嘀咕"生个孩子有什么用"。后来,有一次,她主动请女儿帮忙买扫地机器人,结果女儿很快就帮她搞定了。她回顾这次经历说:

北方空气干燥,屋里的地板上经常会出现很多的毛毛絮絮,拖地很累人。弟媳妇说年前她家买了个扫地机器人,大大减轻了劳动量,我也想买一个。我拿起手机在淘宝上选款式型号。但网上扫地机器人信息繁多,我选了几次也拿不定主意,又累又烦。这时,我想起孩子,于是我跟孩子说:"你帮我在网上订一款扫地机器人吧。"孩子说行,很快帮我选了一款,并按照说明书把程序设定好。买回来的当天,扫地机器人就把家里扫了个干干净净。通过这件事情,我觉得有些反复抱怨的事情,并不一定都是对方一个人的错。我抱怨生孩子没有用,一方面,我平时没注重培养孩子做家务的习惯,另一方面,在需要帮助时,通常也不找孩子做事情。因此,还是要多看到自己的不足,更要多把注意力放在该如何解决问题上。

习惯性的抱怨往往是因为我们不知道该如何解决问题。这个时候,我们可以考虑自己究竟有怎样的期待,以及对方具体怎么做才能够帮到我们。如果我们只是抱怨,对方即使很想帮助我们,也不一定会知道到底该怎么做。

同样的,我们也可以通过关注别人的抱怨来了解他们的期待,然后再看怎么回应他们。在下面的故事中,一位妈妈用心体会女儿的期待并作出积极的回应,最终不仅使女儿得到帮助,还使母女的关系变得亲近起来。她在分享爱的语言学习体会时写道:

我的女儿平时不太注意坐姿,坐在椅子上的时候喜欢把双脚收在椅子上,在沙发上的时候喜欢身子蜷起来坐或者躺着。我担心这样的姿势影响她的脊柱,和她说了很多次"要坐好,不然脊柱会变形的"。这种情况持续了很多年,我一直提醒,她一直当耳边风,坐姿没有任何改变。这次参加爱的语言的学习,当我提到自己很难深入地倾听他人时,阮老师说可能是倾听的意愿不够强烈。

带着这样的觉察,我再次和女儿聊起了她的坐姿问题。

我:"宝贝,每次看到你没坐好,我都会提醒你,但你却没有任何反应。能告诉我你的心情吗?"

女儿:"我感到不耐烦。"

我:"听到我又说起你的坐姿,你感到不耐烦,你希望能轻松一些、自在一些是吗?"

女儿:"嗯。"

我:"记得有一次我们聊到这个话题时,你说了一句'那你又不带我去看医生',你是不是对妈妈说的话感到有些疑惑,希望我带你去看专业的医生?"

女儿:"是啊。"

女儿:"但是我又懒得去,去也没用啊!医生会建议我好好坐,可那样坐着不舒服啊,这样躺着才舒服啊。"

我:"……"

和以前的对话相比,这次倾听已经有进步了。我了解到女儿希望我带她去看专业的医生。

了解了女儿的愿望后,我开始采取行动。但好的公立医院不好预约挂号,尤其是专家号,连着试了好几天都没挂上号。但不解决问题不行,我继续尝试在各个医院挂号,最后幸运地挂上了一个三甲医院的门诊号。陪女儿去看门诊的时候,我和大夫强调了自己的担忧,大夫建议拍片检查。拍片的结果显示女儿有轻度的脊柱侧弯,虽然不是很严重,但还是要引起重视,不然症状加重的话会比较麻烦。考虑到我的担心,门诊大夫建议我进一步带女儿去看专家,并帮我预约了该院最好的脊柱专家。我陪女儿去看专家门诊时,专家详细地告知了脊柱侧弯的角度、位置,将来可能会如何发展,以及怎样练习可以减轻侧弯的程度。专家还告知不良坐姿不一定会导致侧弯,但会加重侧弯,建议以后坐姿还是要正确。专家也谈到我女儿的骨骼已经基本发育成熟,如果坐姿正确的话,将来侧弯也不会变得更严重,让我不必过于担心。同时,他建议坚持练习,一年后再复查。

从这以后,我注意到女儿坐的时候会有意识地注意坐姿,坐在沙发上的时候腿会伸直。此外,她还购买了矫正坐姿的神器。

从帮女儿挂号到带她去看医生,我感觉到女儿对我的态度有了变化。她好像实实在在地感受到了我很在意她,对我也多了一份信任和亲近。从医院回家的路上,她开始敞开心扉和我说她在生活中遇到的烦恼,以及她是如何应对的,然后征求我的意见。我很开心她和我聊这些,这样我也有机会告诉她遇到类似的情况如何处理会更安全一些。她很高兴我能给她建议,因为她实在不知道如何应对。类似的话题,孩子以前都会选择闷在肚子里,自己独自去面对和消化。这次她好像很自然地就提起来了,我们交流得也很顺畅。

这让我看到一种希望——我能和孩子深入地沟通,孩子对我可以有更深的信任与爱,我们的关系也可以比以前更亲密。而这正是我一直渴望的。

当我问这位妈妈为什么之前会忽略孩子的期待时,她解释说以前不够重视,另外之前就医的经历不太愉快。然而,当她再次体会女儿的意愿时,她想到了去找"专业的医生"。最后,妈妈的努力赢得了女儿的心。

"抱怨"常常被认为是消极的。实际上,我们可以通过"抱怨"更好地理解自己和他人的期待,为建设性地解决问题创造条件。

培养"请求"的勇气

有些人很难请求别人为自己做事情。如果我们的家人和朋友一向比较含蓄,那我们就更要注意了解他们具体的期待,看看可以怎么照顾到他们。如果是我们不太能够提出请求,那我们就需要多锻炼自己,可以从一些很小的事情开始。

有个朋友讲了一个他试着提出请求的故事。从这个故事中，我们可以看出，对于有些人来说，表达自己的请求究竟有多困难。

每次周六去黄庄的一个电子市场看摊，中午我都到一家小饭馆吃一碗素刀削面。菜单上本来是没有这样一个餐品种类的，5元一碗刀削面的"标准配置"是有肉的。我第一次进这家饭馆时，问有没有素刀削面，老板娘说有，也是5元。端上来一看，一碗面上放着两片油菜叶，再加一点盐和香油。我很喜欢，只是觉得菜放得太少了。后来我一直在这家小店吃。老板娘一见我来，不等我说，就冲着厨房吆喝，一碗素刀削面。每次碗里都有菜叶，或一片，或两片。我每次照例心里暗暗埋怨一下：就是菜少了点。

我多次想到人们在表达自己请求时的困难。哪怕是一些小小的普通要求，也难以表达。某天中午在吃饭的路上，我忽然想到，既然我不满意吃的面里菜少，为什么不向老板娘说，请她多加一些呢？我担心老板娘会因为这个新增的请求闹心吗？担心被拒绝吗？加多一些菜会增加一些成本，我猜老板娘内心一定不想损失利润。但如果我为多加的蔬菜额外多负担一块钱，这样双方的需要就都会得到满足了。

我进了小店后，老板娘照例吆喝："一碗素刀削面。"她的山西口音很动听。我赶紧说："能不能加一块钱的菜？"老板娘没有表现出任何诧异，马上向厨房喊道："一碗素刀削面，加一块钱的菜。"然后对我笑着说："要是夏天就不用加钱了，现在是冬天……"我答道："是啊，现在菜比肉还贵，我知道的。"面上来了，菜很多，我吃得很舒服。临出店门时，老板娘像往常一样笑

第五章　明确具体的请求

着说：" 慢走，再来。"但我感觉我们之间的联系似乎加深了。

仅仅是想要加点菜，我这位朋友却在心里盘算了很久。在生活中，如果我们能够多一些正面的沟通，既表达自己又关心他人，那大家的关系就会更加融洽。

小结

爱的语言的第四个要素是"请求"。我们关心彼此对对方具体的期待。明确彼此的请求，有助于我们建设性地解决问题。对于一向比较含蓄的人，我们要特别留意他们是否对我们有所期待。

练习四：关注请求

个人练习

练习:明确具体的请求

在冲突中，我们常常倾向于抱怨和批评他人。为了建设性地解决问题，在有需要时，我们要能够提出具体的请求，告诉对方我们希望他们怎么做。请参考例句，并发挥想象，来帮助发言者提出更为具体的请求。

例句：

原文："老婆，你不要盯孩子盯得那么紧，孩子会累垮的。"

改写："老婆，老师布置的作业已经不少了，是不是不要再额外布置作业了?"

1. 原文:"老公,能不能好好吃饭,别老看手机?!"
改写:

2. 原文:"你一点都不关心我。"
改写:

3. 原文:"市场部又投诉你了。你的脾气太差了,这会影响部门之间的合作。"
改写:

4. 原文:"你上课能不能不吊儿郎当的?"
改写:

5. 原文:"你太懒了,都这么大了,每次回家,一点家务都不做。"
改写:

个人练习示范

练习:明确具体的请求

1. 原文:"老公,能不能好好吃饭,别老看手机?!"
改写:"老公,等下再看手机怎么样?我想和你边吃边聊。"

2. 原文:"你一点都不关心我。"
改写:"在这个事情上,我希望你也能听听我的想法。"

3. 原文:"市场部又投诉你了。你的脾气太差了,这会影响部门之间的合作。"

改写:"市场部又投诉你了。下次,他们提意见的时候,你先沉住气。等我们商量之后,你再回复他们。"

4. 原文:"你上课能不能不吊儿郎当的?"

改写:"上课的时候,请在位子上坐好,不要把腿伸到过道上。"

5. 原文:"你太懒了,都这么大了,每次回家,一点家务都不做。"

改写:"这次回来,你可以每天早上扫扫地吗?"

团体练习

如果有条件团体练习的话,分3~4人一组,然后大家一起按题目的顺序分享自己改写的内容。如果其他组员觉得某位组员分享的请求不够明确,可以提出来,然后大家一起讨论。最后,每个人再谈谈练习体会。

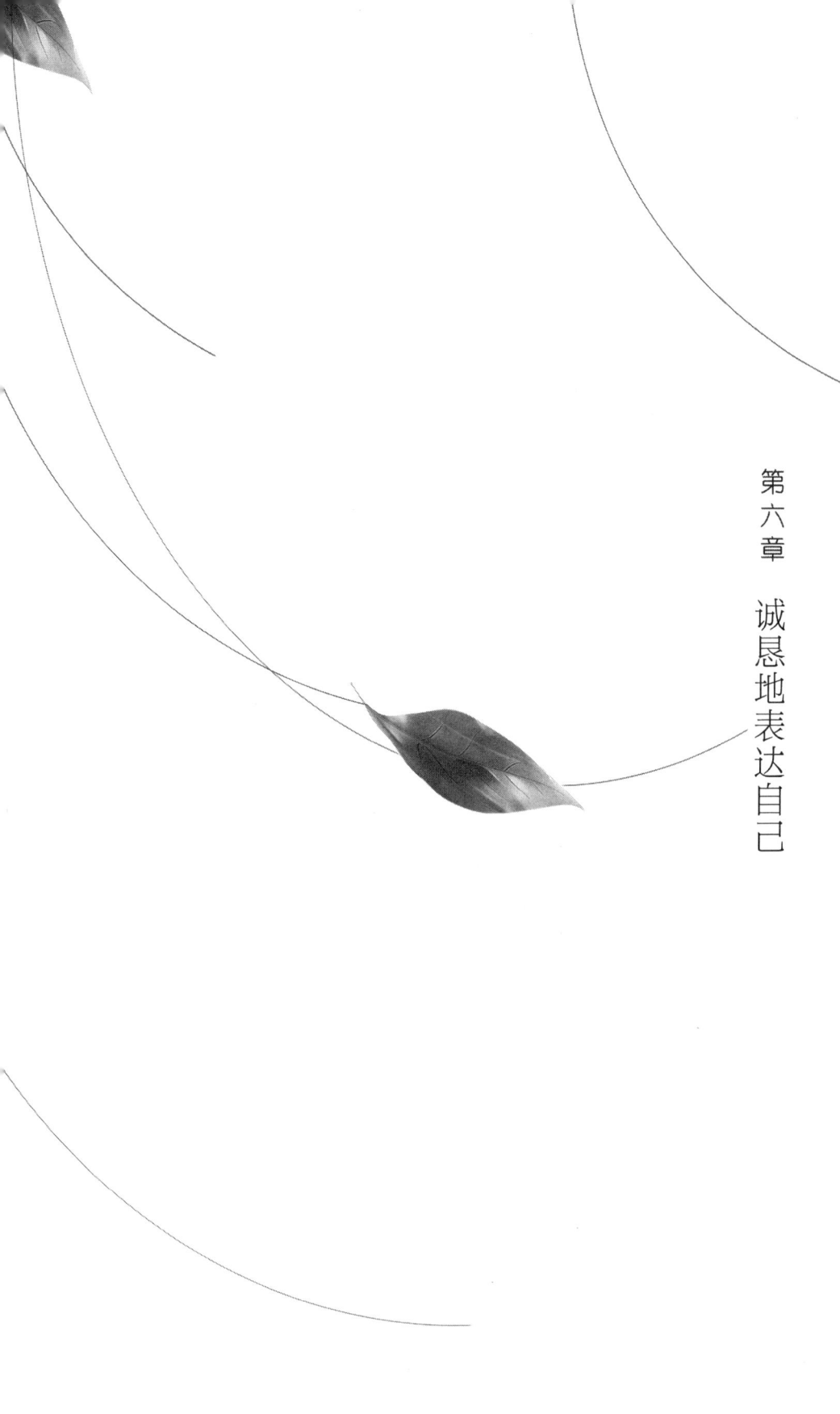

第六章 诚恳地表达自己

与人沟通,我们除了需要了解双方的情况,还需要学习和运用沟通技巧。本章和下一章将分别介绍爱的语言的表达技巧和倾听技巧。

运用四要素

在生活中,许多人发现表达自己很困难。下面是三种常见的情形:第一种是有的人发现自己说的话常常不太能够贴切地表达自己的意思;第二种是有的人为自己说话"有点直"感到烦恼;第三种是有的人面对自己觉得强势的人会有些不知所措,心里很憋屈。此外,还有一些人的烦恼是觉得自己很会说,但沟通的效果并不理想。

不论你遇到哪一种困难,在表达自己前,你都可以考虑先运用爱的语言四要素来整理自己的思路。为了让沟通达到理想的效果,我们首先要了解自己的情况,并明确沟通的目的。下面结合一个故事来说明我们可以怎么做。

有位老师通过网络报名应聘一个学校岗位,该岗位要求有至少三年工作经验。她的申请没有通过,说她工作未满三年,但她实际上工作已满九年。开始的时候,她感到很困惑,因为她提交的资料已经说明了这一点。后来,她意识到负责审核的老师或许没有细看所有的资料,可能是她的公积金文件引发了误会。

这个时候,如果你是那位老师,你会怎么做呢?我在工作坊问到这个问题的时候,不少学员说"投诉"或指出负责审核的工作人员的错误,要求对方改正错误。我相信,这个问题通过"投诉"或"要求对方改正",是可以得到解决的。但如果我们这么做的话,我们和招聘单位的工作人员就有了摩擦。如果能够不用发生冲突,又顺利解决问题,那不是更好吗?

当时,这位老师先是运用四要素体会了一下自己:

事实:审核结果说我工作未满三年。

情感:忧虑。

愿望:支持。

请求:复核。

然后,她用比较自然的语言编辑了一条短信给负责审核的老师:

"老师,冒昧打扰您。我应聘贵校语文老师,名叫×××。昨晚看到审核结果说我工作未满三年,我很忧虑。我想可能是公积金文件引发的误会,所以想和您解释一下。公积金文件显示的时间不足三年,这是换了新本的缘故。所以,想请您复核一下。另外,我往您的招聘邮箱里发了我的个人所得税证明。希望得到您的回复,不胜感激!"

在这段话中,先介绍自己是谁,是为了方便负责招聘的老师在系统中找到相关信息;不写"我需要支持",这样更符合我们平时说话的习惯;写上"可能是公积金文件引发的误会",进一步避免对方听到指责;等等。

这位老师当时急需得到负责招聘的老师的配合和支持,所以,她希望对方能够迅速地处理这件事情。她在表达时注意描述事实,同时表达了对对方的理解和尊重。这有助于对方心平气和地去阅读信息,并乐于尽快处理。事实也是如此。信息发送后不久,她就得到回应:"已审核并通过,请查看结果。"

表达自己是为了实现我们沟通的目的。运用爱的语言四要素,可以帮助我们明确沟通的目的,以及组织语言来贴切地表达自己。

心里乱乱的,怎么办?

有时,我们与他人有了矛盾,压力之下,感觉自己心里乱乱的。这个时候,运用四要素体会自己,要注意充分地体会自己的抱怨。下面结合一个朋友的经历,使用表格来说明具体可以怎么做。

有位朋友在一所学校工作,原来是在教务处负责教材的工作。那时,她部门新来的领导想要把她的工作和考务工作合并,并由她同时负责这两块工作。刚听到这个要求的时候,她有些不满,对领导也有不少意见。她在心里不时地抱怨:"没有人情味,一心只求效率,固执己见,还听不进别人的意见……"她想去找领导谈这件事情,但看到自己心里还压着一股劲,担心非但解决不了问题,还会把关系弄僵。

这个时候,她在朋友的帮助下,理了理思路。她谈到她的发现:

在好友的陪伴下,我慢慢地平静下来,既明确了自己的目标,也有空间可以去理解对方了。领导并非有意要对我们怎么样。她也有来自上面校级领导的压力,希望能在原有工作的基础上有些优化和突破。她也挺不容易的,刚来新部门,有很多情况和业务不是很了解。她肯定非常渴望我们这些老员工的支持和配合吧。同时,我反省自己内心,确实也有不愿担当的一面,喜欢安逸闲适,不想从舒适区走出来。此外,我还觉察到自己面对变化时会有焦虑不安的情绪,有些本来就是自己内在的不足,并不完全是因为这样的安排引起的。

她意识到的主要问题有两点:一、担心自己做不好;二、自己安逸惯了,一下子接受不了。对于第二点,她愿意主动调整自己的心态。对于第一点,她决定还是向领导反映一下,不管结果如何,都可以促进相互之间的理解。于是,她发信息给领导,表达了自己的顾虑和请求,而领导也做出了让她感到满意的回复。

理解自己的怨
1. 事实:发生了什么事?你对对方有怎样的抱怨?
例 要并岗,工作量增大。我的抱怨:"没有人情味,一心只求效率,固执己见,还听不进别人的意见……"
2. 情感:想到这些抱怨时,你体会到自己有怎样的心情?
例 生气、焦虑不安。
3. 愿望:你有怎样的愿望?对你而言,最重要的是什么?
例 想要工作轻松些,想要能够胜任工作,想要处理好与领导的关系。最重要的是能够胜任工作。
4. 请求:对方怎么做,你会比较满意?你有什么具体的请求吗?
例 给我一个过渡的时间,不要一下子都安排给我。

在我们感觉心里乱乱的,运用四要素体会自己的时候,尤其要做好第一步,要允许自己充分体会自己的抱怨。这不仅有助于我们抒发情绪,还有助于我们理解自己真正想要的是什么。我们可以考虑先自由地写下来,看看自己究竟都有什么意见。然后,在这个基础上,我们可以去留意自己内心不同方面的愿望,并明确什么是自己最看重的。最后,就可以采取相应的方式去照顾自己。需要注意的是,如果我们的情绪非常强烈,我们可能就需要寻求其他人的帮助,请他们运用爱的语言或别的方法来帮助我们梳理自己。

选择表达的时机

在冲突中,我们要注意选择表达的时机。当对方处于情绪之中时,一般难以聆听和理解我们。为了让对方能够把我们的意思听进去,我们可以考虑先聆听对方,了解他的经历、情感、愿望和请求等。

下面的故事是一位老师谈到她教育学生的一次经历。在这则故事中,老师在感觉到学生的抵触情绪后,提醒自己慢下来,试着去理解学生。在学生变得平和一些之后,她再表达自己的观点,帮助学生认识了自己的错误。然后,她在课后又通过进一步的交流,了解了学生遇到的具体困难,并给予他所需要的支持。

这是前不久发生在课堂上的一件事情。我这门学科强调逻辑推理,要求学生在纠错时写出完整的推理过程。那天有个学生的纠错,全部只有 A 对 B 错的结果,没有任何过程。我跟他说,你这样的纠错是无效的,你浪费自己的时间也浪费我的时间,这份作业在我这里不能通过。当时学生很不耐烦地说了一句:"我至少是自己做的,还有很多同学的这个纠错作业是抄的呢。"

从这句话里,我感受到了一种很强烈的情绪。我马上先停了一下,沉默了大概十秒钟以后,问他:"你是不是希望大家都得到公平的对待?"这句话说了以后,马上就看到他脸色柔和下来了。

他也没有说话,只是在那里站着。我进一步问他:"你是不是希望那些抄作业的同学在我这里也不能 PASS(通过)?是不是这样?"他沉默了一会儿,然后点点头。我说:"难道他们抄不抄作业决定了你会不会好好订正?别人是抄作业的,别人的行为决定了你的行为,是不是这样?"孩子站在那里,很长时间没有说话,然后他就自己坐下了。因为课堂还要继续下去,我就没有再提这个问题。

课后我找到他,我们找了一个谈话室。我说:"关于课上的问题,我们先抛开不谈,有一点我还是肯定你的,至少你的作业是自己做的。尽管这个作业完全不符合我的要求,但是你真正的目的是什么,我很想知道。表面上看来,你希望那些抄作业的同学在我这里同样不能通过,心里就爽了。但我们再问深一点,你的原因是什么?"他沉默了很长时间,然后承认在那份作业里面,有很多地方他还是不会订正。那我说有两种方案,要么我讲给你听,要么我请班里课代表或掌握得非常好的同学把这些错题讲给你听。他犹豫了很久,最终他说想想再告诉我。

第二天下课的时候他找到我,跟我说了一番话。其实他当时更多的是害怕,他希望他的那份作业能通过。他害怕,然后用别人的错误来掩盖自己的错误。最后他说,他也知道了,别人做什么,并不能决定他做什么,这是他对这件事情最深的认识。后来,他来找我讲题目,最终把那些题目都弄懂了。

在冲突中,我们常常会急于表达自己的观点,希望自己得到理解和认同。然而,在双方不平静的情况下,彼此的交流常常会很不顺畅。这个时候,为了顺畅地交流,我们不妨考虑给对方表达自己的机会,如果他有机会充分表达并得到理解,就会较容易静下来聆听我们的叙述。

不带评判地提出请求

想让对方把我们的话顺利听进去,还有一个方法:不带评判地提出请求。也就是,在表达自己时,我们描述自己的状况,而不评论对方。如果我们评论对方,不管是肯定还是否定,对方往往就会把注意力放在澄清自己或反驳我们上。这将影响他静下来体会我们所要传达的信息。

下面是一位朋友处理夫妻矛盾的例子:

早上,跑步回来。一进家门,就闻到一股淡淡的香气。进了厨房,看到小火在煲汤。我叫了几声,没人回应。我想我爱人应该下楼遛狗了。

这时,我觉察到自己气息比较短促,心里有些不舒服,头脑里浮现出了多年以前和丈母娘的一次冲突。那一次,丈母娘下楼去买菜,家里没人。我回来后,看到厨房里小火在煲汤,感到十分担心和后怕。于是,在中午吃饭的时候,我非常郑重地和丈母娘说这个事情,表示在家里没人的时候,厨房绝不能有火开着。因为一旦发生意外,后果就不堪设想。那天,我的语气很严肃,我是有意这样的,目的是提醒大家这件事的严重性。但大家有没有把我的提醒放在心上,我不太清楚,当时和爱人吵了一架,我倒是记得很清楚。

现在,看到厨房的这个景象,我的心就咯噔一下。"这看来还是没记住啊!太粗心大意了,太没有安全意识了!上次都已经说过一次了,我还发了火,怎么这么没记性呢?!""等她回来,我真的要好好骂她一顿,才能解气!""这种重大隐患,如果不严肃处理,迟早会出事情!就算再吵一架,几个星期不说话也无所谓!"

我的脑海里充满了愤怒和不爽的感觉。我一边体会着自己的情绪,让头脑里的各种评判轮番上演,一边准备去洗澡。洗澡时,我提醒自己把注意力放在解决问题上。我希望能够和爱人凝聚共识,一起维护家庭和社区的安全。吵架也许能让她记住这件事,但可能不是让她注意安全,而是让她对我心存怨恨。于是,我决定换一种方式来和她沟通。

洗完澡,我看到她已经回来了,正忙着做饭。等了一会儿,我感觉时机差不多了,就和她聊了起来。

我:"我有一件重要的事情要和你沟通一下。"

爱人很诧异地看着我:"怎么了?"

我:"我刚才跑步回来,你没在家,但厨房里在煲汤……"

她急忙插话说:"我知道,我专门把火开得很小,我就出去了一下。"

我:"我看到了,火是开得很小,不过还是有危险的。"

爱人可能想起了之前的事情,不好意思地说:"好了,我知道了,你不要再说了。"

我:"不,不,我还是要重申一下,安全非常重要,这个后果我们无法承受……"

爱人(不耐烦了):"你不要说了,怎么这么啰唆!"

我:"那好,我不说了,你答应我……"

爱人:"行,行,知道了。"

我:"哦,那你说说你知道啥了?"

她笑了一下,不说话了。

我看着她的眼睛,温柔地说:"不行,我还是希望你能够说一遍:'我保证下次出门一定关火。'这样,我才能放心一些。这已经是我这几天第二次看到了,我很担心……"

爱人:"好的,我保证下次出门一定关火!"

我:"好,你要说到做到啊!那样,这饭吃得才香,才踏实!今天,这汤不错!"

从那以后,我没有看到爱人不关火就外出了。

这位朋友认为出门一定要关火,在爱人不够重视时,他不带评判地提出了请求,最后使他得到了自己想要的配合。

通过不带评判地提出请求来解决问题，实际上是诉诸对方的善意，希望对方出于对我们的关心来满足我们的需要。在运用这个方法时，我们可以先用四要素来整理思路。比如，在这个故事中，站在这位朋友的角度，运用四要素体会自己，我们将体会到：

事实：她出门了，但没有关火。我的抱怨："太粗心大意了，太没有安全意识了……"

情感：害怕、愤怒。

愿望：安全。

请求：请她当面保证下次出门一定关火。

然后，我们再用比较自然的语言表达自己。在表达时，我们要注意以下两个要点：一是不要批评、指责对方，二是说清楚自己的需要。比如，在这个故事中，这位朋友后来只是清楚地表达了自己的需要，而没有说爱人有任何不对。

在实际运用时，我们可以考虑先聆听他人，再不带评判地提出请求。等对方平静了，再表达自己，效果会更好。有一次，我通过一个网站预订了一个餐馆的位子。按规定，可以打九折。到结账的时候，收银员看了看电脑，又看了看桌面，对我说："不能给你打折！"她的身体往前倾，看上去有点紧绷。我对她说："你需要对工作负责是吗？"听我这么说，她放松了下来。我说我手机上有短信，可以拿给她看。她说不用了，可以给我打折。这时，我还是坚持去把手机拿来给她看。最后，她不仅给我打了折，还给我办了一张贵宾卡，以后可以打八八折。等下一次去的时候，一见到我，她就热情地招呼："听电话，就知道您要来了。"直到现在，想到当时的情景，我都觉得很温暖。

不带评判地提出请求，对我们与他人凝聚共识至关重要。在发生冲突时,我们容易互相指责,而不能实事求是地了解彼此的情况。如果有需要,我们不妨考虑先聆听他人,然后不带评判地提出请求,也就是通过激发对方的善意来解决问题。在许多时候,这不仅有利于问题的解决,还有利于增进双方的感情。

勇于承认错误

承认错误,意味着承担责任。勇于承认错误,也就是勇于承担责任。如果能够做到这一点,就不仅有助于改正错误,通常还有助于促进彼此的关系。

有个朋友是一家公司的管理人员。下面是她处理与下级冲突的一次经历:

前段时间,我们×国经销商A抱怨说,在当地市场,有其他经销商给他们的客户打电话,报价略便宜些。这搞得他要给客户解释很长时间。他想让我们终止向另一家经销商供货。A是多年的合作伙伴,和我们合作快15年了,而另一家是部门的业务员刚发展的经销商B。由于我很信任A并重视维护和A的关系,我马上就在国际业务部群里给负责×国市场的业务员发信息,要求她停止给B报价及与B后续的合作。

该业务员说她马上给B发邮件问问什么情况。随后B回复了好几封邮件,情绪很强烈。B说自己可以提供客户名单,看看哪个客户是与A冲突的,还以自己女儿的名义发誓来表明自己没有违规,等等。业务员也说,自己为了发展经销商B花了很多时间和精力。说停就停,她的情绪也很大,只是碍于我是领导,强压着自己。

我意识到,我可能过于重视维护与老伙伴的关系,以致自己不够冷静。在做出处理决定前,我应该先让业务员去了解情况,给B澄清的机会。想到这一点后,我先在微信上给业务员道歉。我跟她说,自己前面的表达不够冷静,B有情绪是正常的,我应该跳出来看待各方冲突,而不是加剧冲突。业务员收到微信后,马上回信说没事,理解我,并且主动提出了解决方案。

后来,我想起了阮老师提到的处理不同关系的原则:作为上级容易以上凌下,要注意对下级以礼相待;作为下级容易担心得罪上级,所以对待上级要能够敢于从工作的需要出发来表达自己。在处理这件事情时,我一开始有些武断,好在后来主动承认不足,这样将会有助于员工在以后有勇气表达不同意见。

作为上级,由于有维护自身权威的需要,一般不太容易表达自己对下级的歉意。这位朋友主动表达了歉意,我相信,这样非但不会有损她的权威,而且还会让她取得下级的信任,便于以后开展工作。反过来,如果她坚持自己的错误,就会让人不服,损害自己的权威。

如果我们在犯错后能够勇于承担,别人通常也会原谅我们。有一次,我在超市买腰果。腰果是已经用塑料袋封装好的。我问,是不是可以先尝一个。征得老板同意后,我尝了一个,但送回去时,没有封装好。结果,老板拿着放在秤上时,撒了一些。老板就有些不太高兴了。这时,我就说撒的这些算我的,老板的表情也就放松了。他另外拿了一包称给我,并说撒的那些就算了。这只是一个很小的例子。当我们替别人考虑并愿意主动承担责任时,别人一般也会友善地对待我们,这也是人之常情。

俗话说:"人非圣贤,孰能无过。"如果我们不能坦然面对自己的错误,那么,我们与他人的关系难免会不时出现一些别扭,而且还难以解决。

适当地批评、抱怨

在谈论爱的语言的时候,有的人会认为批评、抱怨是不友好的、暴力的。实际上,适当地运用批评、抱怨,不仅不会伤害关系,还会有助于促进双方的感情。

在我与爱人的关系中,我就深刻地体会到批评、抱怨对我们关系的价值。和她建立恋爱关系不久后,我就有了一个烦恼。她生气了以后,一般什么都不说。有一次,我们走在路上,她推着自行车,气呼呼的样子,但她不说话,我也不知道到底是什么让她不高兴了。她是一个很温和的人,但我在心里和自己说她哪天如果发发脾气,那多好啊。后来,随着我们越来越熟悉,她在家里也就能够比较自如地表达自己了。这让我的生活容易了很多。

在这方面,还有一件事让我印象很深。有一次,我去讲课,教学员如何不带评判地表达自己。这是一个两天的课程。第二天早上,我请大家谈谈昨天回家后的经历。结果有位学员说她回家后和她母亲吵了一架,现在她们的关系变好了。她很高兴地谈到了这个事情。为什么吵架能有助于她们改善关系呢?我相信,这是由于这对母女平时都比较照顾对方的感受,心里都憋着一股劲,吵了一架后,反而能够互相理解、互相体谅了。

下面是可以考虑批评、抱怨的两种常见情形。第一种是,如果我们是要帮助对方改正错误,同时觉得对方也能够接受,就可以说得直接一点。第二种是,虽然对方听了会不高兴,但有助于他改正错误或对双方长远的关系有益,也可以考虑说。上面提到的母女争吵就属于这种情形。

总的来说,我不认为批评、抱怨就是不友好的,就会伤害双方的感情。如果在生活中,我们总是要求自己不批评、不抱怨,那可能就会让自己很疲惫。因为不论是强忍着,还是运用爱的语言或别的方法转化批评、抱怨,都需要时间和精力。而且,这样做并不总是必要的。

如何拒绝他人

有两种常见的情形,我们想要拒绝他人:一是,我们不想接受别人的礼物或帮助;二是,我们不想答应别人的要求。然而,对于有些人来说,由于他们特别在意别人的感受,以致不知道如何拒绝他人。这样,他们就容易过于委屈自己。而一旦他们狠下心来说"不",又往往十分生硬,以致影响了与他人的关系。

有个朋友曾经因不知道如何拒绝别人,以致影响了和家人、朋友的关系。后来,她发现,以适当的方式真诚地表达自己,可以帮助她兼顾双方的需要。下面是她讲述的与朋友交往的一个故事：

在过去的这几年里，我发现自己与一位好朋友疏远了。一开始我并没有找到原因。慢慢地，我回想起和她之间的一件事。我发现，疏远的原因是我们之间少了情感的交流。记得有一次，这位好朋友拿了一个蓝牙音响来送给我，让我在看书的时候可以一边听音乐一边看书。她还告诉我这款蓝牙音响是她最喜欢的，每天都在使用，所以要送一个给我。我看着这个蓝牙音响，迟疑了一会儿，内心是拒绝的。因为我不喜欢在看书的时候播放音乐，只喜欢静静地看书。但我还是接受了这份礼物。我心想，如果我回绝了她，她一定会很难过。回到家后，我便把它搁在门口的鞋柜上，一搁就是好几个月，几乎忘记了它的存在……直到有一天，朋友来我家，临走时，她问我："你是不是不喜欢我送你的蓝牙音响？"我说："没有啊，喜欢的啊！"她说："我来了好几次，都看见它孤零零地在鞋柜上搁着，位置都没有变过，我心里很难受。我想你也没有使用过吧。没有使用，说明你不喜欢，以后不送你东西了。"

从那以后，我们之间疏远了很多。现在想想，是因为我没有真诚地表达自己，也没有去感受这份情意。虽然当时我收下蓝牙音响，考虑的是不拒绝她的心意，不让她难过，但最后搁置不用才是对她最大的伤害。如果我可以坦诚地告诉朋友："谢谢你的好意！蓝牙音响我也喜欢，可是我在看书的时候喜欢静静地与文字对话。蓝牙音响你留着自己用，或者我把它摆放在我的书架上,让它陪伴我一起看书,好吗?"我想,这样的表达会更好。

她还谈到学会拒绝对她和母亲关系的帮助:

昨天晚上和妈妈微信聊天,说好今天去看她。下班来到妈妈这里,和妈妈聊天,谈到工作,我表达了自己最近挺累。妈妈对我说:"妈妈看你每天累到没时间照顾孩子,你又不让我去帮忙,我很担心你们的健康。尤其是我外孙女,吃不饱、长不高怎么办?要不,我去给你们做饭吧。"我看着妈妈的样子,知道她心里有一半是已经决定了要来我家。可是,我并不希望这样。这样一来,妈妈会没有了自己的生活;二来,作为女儿的我会担心妈妈在我家不习惯;还有,那样的话,我得按时下班回家,不忍心总让老人家在家等候。

我心想,妈妈是担心我的健康和生活状况。那么,我做好自己,就足以安慰妈妈,照顾到她担心的情绪。于是,我这样对妈妈说:"妈妈,您看到我每天都很忙,很担心我没有时间照顾自己和孩子是吧?尤其担心我下班晚了没时间做饭,吃饭时间不固定,影响身体健康吧。我是这样安排的,头一天晚上准备好菜,第二天清洗好、做好就可以吃了。而且,我们会安排好每一天的饭菜哦,营养是足够的。还有,您外孙女现在也可以帮我做事啊,要留机会给孩子锻炼。我每周五带着孩子到您这里蹭饭,您要是有时间,就做一顿丰盛的给我们吃。"妈妈同意了。从她的表情,我能感受到她心里是舒坦的,那份担心应该已经减少了很多。以往我不知道怎么回绝妈妈,尤其是在妈妈表达她爱我们时更难回绝。但我现在可以真诚地表达自己,妈妈也是可以接受的。

如果想要拒绝朋友的好意,最好要让朋友意识到我们对他的感情,以免产生误会。这位朋友后来想到的表达体现了这一点。而对于我们的家人,特别是我们的父母,我们还要让他们意识到我们有办法照顾好自己。这位朋友表达了对妈妈的理解,并解释了自己的安排,这样她妈妈心里也会比较踏实。最后她虽然拒绝了妈妈,但彼此的联系却加深了。

上面两个故事讲的,都是别人想要为我们做点事情,我们不准备接受。另外还有一种需要考虑拒绝的情形:别人请我们帮忙,我们不太方便。如果是朋友请我们帮忙,比如说朋友向我们借钱,要是感到为难,我们通常会告诉他我们的难处。这样的拒绝并不难,因为别人一般并不会勉强我们。但有一种情况,许多人会感到很为难:不知道如何拒绝工作中不合理的要求。当然,有些我们认为不合理的要求,未必是不合理的。所以,如果我们对工作中的要求有所抱怨,我们首先需要反省自己的态度。如果确实不合理,那我们就可以考虑拒绝,并在拒绝时给出有说服力的理由。

有个老师曾遇到一个为难的事情。她是一所中学的一个教研组组长。她的学校和另外一个小学有合作,由她的学校派老师去给小学的毕业班讲课。这次,她请两位老师去小学讲课,但小学负责这项工作的老师觉得这两位老师太年轻,想请她派更有经验的老师去。这时,她感到很为难,因为组里面老教师不多,不好安排,但校长又很重视和这个小学的合作。她向我请教这件事情怎么处理。我和她说,要求你们派更有经验的老师,是对方老师对自己的工作负责。她需要尽量保证课程的教学质量。所以,首先,我们不要因为别人对我们有所要求,就对人家有情绪。相反,我们要尊重对方,这反映了她是一位敬业的老师。其次,你可以直接告诉她,你需要优先保障本校的教学工作。你不用担心人家对你有意见。因为你这么做是对自己的工作负责,作为一位敬业的老师,我相信她也会理解你的。就算不理解,你的领导也会理解你的。没有什么需要顾虑的。她听了我的建议,就先向对方表达了自己对她的工作的理解和尊重,然后解释了自己的情况。最后,那位老师也就接受了她的安排。

在工作中,在拒绝其他人的要求时,我们要意识到,别人出于工作的需要向我们提要求,是别人对自己的工作负责。这样,我们就可以以较平和的心态面对别人的要求。如果确实无法答应,我们可以考虑做出适当的说明,并表达对别人的理解和尊重。

总之,在拒绝他人时,我们仍然可以把对方的需要纳入考虑。这样,即使对方表达的需要没有得到满足,他仍然还有机会体会到我们的善意。如果对方因我们的拒绝对我们有意见,只要我们坚持自己做人的原则,那也就可以无愧于心。

小结

除了强调了解双方的情况,爱的语言还强调沟通技巧的运用。在表达自己时,我们可以运用爱的语言四要素明确自己沟通的目的,然后组织语言贴切地表达自己。如果我们觉得自己心里乱乱的,运用四要素体会自己时,就要注意充分地体会自己的抱怨。如果有需要,我们可以考虑寻求他人的协助。

在冲突中,人们常常各说各话。为了让他人准确地理解我们的意思,我们要注意选择表达的时机。有时,我们可以考虑先聆听对方,然后不带评判地提出请求。

在发现自己的错误时,如果我们有担当,通常会有助于取得或恢复别人的信任。

在发现别人的错误时,适当地运用批评、抱怨,不仅不会伤害关系,还会有助于促进双方的感情。

有时,我们需要谢绝别人的好意,或拒绝别人的要求。这个时候,对朋友,我们要注意让对方感觉到我们的情意;对家人,要注意让他们感到放心;对同事或工作伙伴,要注意理解和尊重他们。

练习五:诚恳地表达自己

个人练习

练习1:理解自己的怨

处在情绪中,我们难以冷静思考。这个时候,我们别急着做什么,以免事后感到后悔。给点空间,去看看自己到底经历了什么,有什么样的情感、愿望和请求。然后,再看怎么做能够真正符合自己的需要。请结合近期发生的一件事情,借助下面的表格来梳理自己。

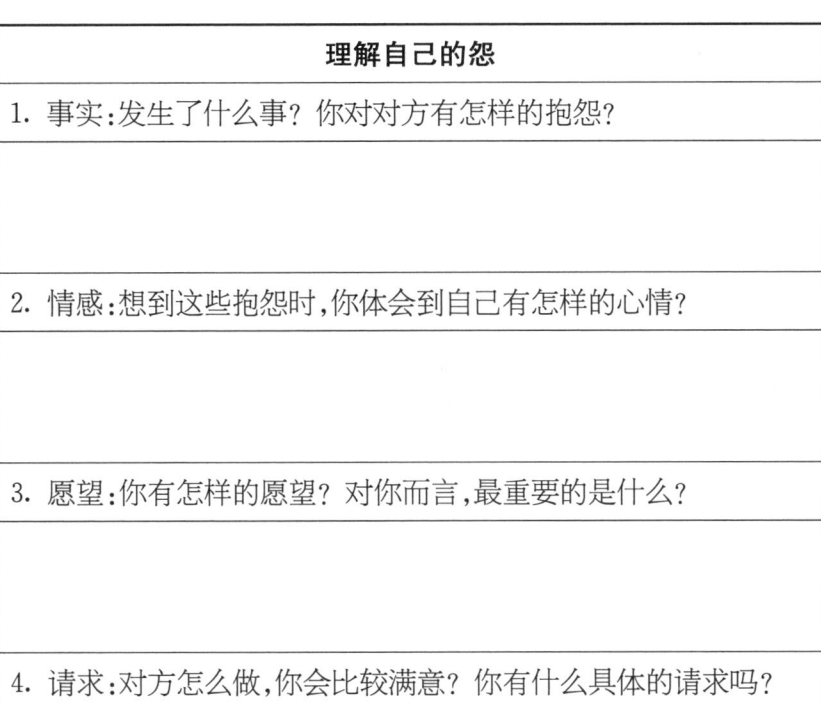

练习2:运用四要素体会和表达自己

有次,有个新餐馆开业,八五折酬宾。小李很高兴地和两位朋友一起去那里吃饭。他们很喜欢餐馆淡雅的环境,点了四五个菜,吃得很高兴。后来加了一个菜,但发现那个菜太油了,就觉得有点扫兴。小李叫来了餐厅经理。他觉得厨师比较辛苦,而且人的口味不同,不能说厨师有什么问题,但希望厨师能够听到他们的反馈,注意菜太油的问题。

请站在小李的角度,先用四要素体会自己,然后再写下一段话,用来诚恳地表达自己。练习的要点是:表达自己的想法,但尽量不评论对方。

用四要素体会自己：

事实：

情感：

愿望：

请求：

表达自己的一段话(对餐厅经理说)：

练习 3：拒绝他人，又不失尊重

一所中学和一所小学达成了合作协议，由中学派老师为小学六年级的学生提供语文、数学、英语等科目的辅导。小学的教导主任陈老师觉得中学派来的英语老师资历比较浅，对中学的英语教研组长李老师说："能不能派一位经验丰富的老师来？"李老师感到很为难。一方面，她知道学校很重视这个合作；另一方面，组里年轻老师多，老教师的工作负担已经很重了，不好再请他们外出兼课。如果你是李老师，你会怎么回复陈老师？请写下一段话。在这段话中，先表达对陈老师的理解，然后再说明自己的情况。

个人练习示范

练习 1：理解自己的怨

请参考本章"心里乱乱的，怎么办？"这一部分的内容。

练习 2：运用四要素体会和表达自己

用四要素体会自己：

事实：我们几个人感觉最后一个菜太油了。

情感：遗憾。

愿望：表达自己，给予善意的提醒。

请求:希望对方注意。

表达自己的一段话(对餐厅经理说):

"我很喜欢你这里的环境,感觉很雅致,前面点的几个菜也很合我们口味。后面上的那道菜,可能是我们的口味比较清淡,我们感觉太油了。你能不能和厨师说一下?"

说明:在表达自己时,加上"我很喜欢……"这句话,既符合事实,也比较礼貌。在"我们感觉太油了"前面,加上"可能是我们的口味比较清淡",是强调我们并不是在指责厨师,或认为他有什么错。没有提及情感和"表达自己"等愿望,是觉得不说这些比较自然。

练习3:拒绝他人,又不失尊重

李老师回复陈老师说:

"是啊,老教师会讲得更好一点。只是我们现在年轻的老师较多,组里的老教师已经承担了很重的教学任务。我们需要优先保障本年级的教学任务,不太方便安排老教师校外的教学任务。以后有条件的情况下,我再尽量安排老教师,您看如何?"

团体练习

如果有条件团体练习的话,可结合个人练习的第2题和第3题展开团体练习。

练习1(结合个人练习第2题):

分3~4人一组,然后,其中的一个组员分享自己作为小李写下的话,并听取其他组员的反馈。其他组员反馈的重点是,自己有没有从"小李"的话中听到批评。如果有的话,"小李"可以考虑做些调整,然后再请求反馈。按这个流程,所有人依次完成练习。最后,每个人再谈谈练习体会。

练习 2(结合个人练习第 3 题):

分 3~4 人一组,然后,其中的一个组员分享自己作为李老师写下的话,并听取其他组员的反馈。其他组员反馈的重点是,自己有没有从"李老师"的话中体会到理解和尊重。如果没有的话,"李老师"可以考虑做些调整,然后再请求反馈。按这个流程,所有人依次完成练习。最后,每个人再谈谈练习体会。

第七章 关切地倾听他人

倾听是一项重要的生活技能。倾听不仅可以帮助我们了解他人的真实状态，提高沟通的效率，还可以帮助倾诉者更好地体会自己。

理想的倾听状态

如何倾听，《庄子·人间世》中讲到"心斋"的方法："若一志，无听之以耳而听之以心，无听之以心而听之以气。听止于耳，心止于符。气也者，虚而待物者也。唯道集虚。虚者，心斋也。"这里讲到听的三个层面：用耳去听、用心去听、用气去听。用耳去听，得到的是感性认识；用心去听，得到的是理性认识；庄子认为，只有搁置任何已有的成见，放空自己，也就是用气去听，才能认识事物的本来面目。理想的倾听状态，也就是庄子所说的"虚而待物"：有一颗安静的心，能够一心一意地去了解对方的状态。

我们不能静下来听别人说话的一个主要原因是，我们觉得自己已经懂别人了。大多数的人通过工作坊的练习会发现，理解一个人并不容易。比如说，前面提到的自我介绍练习，许多朋友发现准确地反馈其他人的意思并不容易。当我们发现自己很难准确把握别人的意思时，我们心中对他人的成见就会开始松动。这就会帮助我们静下心来，重新去观察和聆听他人。

我们不能静下来听别人说话的另一个主要原因是，我们急于改变他人。当别人的行为影响到我们的生活时,我们常常想要改变他人。我们的心情越迫切,就越难静下心来体会他们。这样,也就容易出现沟通的困难。为了解决这个问题,有些人又走向了另一个极端:要求自己放弃对别人的期待。一般来说,这是不现实的。例如,做父母的,终究还是对孩子有期待的;做老板的,对员工也是如此。所以,比较务实的做法是,承认我们的期待,同时又暂时放下期待。承认我们的期待,就是承认自己的真实感受;暂时放下期待,这让我们静下心来交流。在了解对方的情况后,我们也许会改变自己的期待,或者找到满足我们期待的有效方法。

有位朋友谈到了她培养孩子的一段经历:

这半年来,处于青春期的孩子状况连连,自我封闭、拒绝交流、抑郁、焦虑、失眠等症状层出不穷。我应接不暇,却总也猜不到她心里想的是什么,她到底想要什么。我不时地感到茫然无助、恐惧担心。各种复杂的情绪五味杂陈,如山洪喷涌,铺天盖地而来。这让我无力应对,随波逐流,无所适从,感觉和孩子渐行渐远。这是我不能忍受的生活状态。

后来,我意识到,当我处于一种担心和不安的状态与孩子交流时,好像更多的是祈祷孩子别说出什么我无法回答的话,或者我别说错了什么把事情再搞砸。处于这样的一种内心汹涌澎湃、翻江倒海的状态,我自然无法真正倾听到孩子的心声。现在想来想去,虽然我知道要尊重、理解孩子,但还是一副想要拯救孩子于水深火热之中的模样。这也导致了孩子根本不屑于与我表达和交流。即便是短短的交流也是带着抗拒和敌意的。

这段时间,带着这份觉察,和孩子互动时,我逐渐放下控制,放下期待,放下评判,带着一份好奇、一份尊重,让自己尽可能地安静下来,去留意孩子所要传递的信息。一点点地,我发现和孩子的心在靠近。

这位朋友暂时放下了期待,她不再那么紧张不安,并能够重新亲近孩子。这实际上让她有机会真正帮到孩子,因为引导孩子需要了解孩子的内心世界。

我们不能静下来听别人说话还有一个主要原因:别人的批评、指责引发了我们内在的痛苦。批评和指责是另外一个人用比较强烈的方式表达自己。它是我们了解他人的一个很好的窗口。透过批评的内容和语气等,我们可以去了解对方看重的是什么,以及究竟有多看重。但如果我们沉浸于批评所引发的不舒服中,那我们就难以静下来体会对方,去准确地把握他的心声。

下面是我和爱人闹别扭的一次经历:

有一次,我从外面回家,看到爱人在窗边的桌子上写东西。我就和她打招呼。可是,她很不耐烦地和我说:"不要和我说话。"这就像给我泼了一盆冷水。我当时的第一感觉是很不愉快的,觉得她这样对我很不礼貌。好在由于长期的沟通训练,我很快就把注意力放在她的需要上。她看上去有些紧张,说话这么不耐烦,应该是在处理比较紧急、重要的事情,很需要专注和我的配合。想到这里,我就不再将她的话看作是对我的攻击,而把它看作是一种急切的请求。出于对爱人的感情和理解,我也很愿意配合她。这样,不愉快很快就过去了。

面对别人的批评和指责,我们的承受力越强,也就越能以此为契机来了解对方。为此,我们需要转变自己对批评、指责的态度,不要把批评和指责都看作是消极的,而要把它看作是了解对方以及提高自己的机会。当然,如果对方的批评、指责引发了我们强烈的痛苦,我们也需要照顾自己。遇到这样的情况,就要考虑打断对方,或离开现场。

我们可能无法完全做到庄子所说的"虚而待物",但我们可以提高自己聆听他人的能力。如果我们静不下心来体会他人,可以具体分析是什么原因导致的,并做出相应的调整。

关注四要素

在倾听时,我们可以结合爱的语言四要素来体会对方。下面以前面讲到的我和爱人的故事为例,来说明这四个要素在倾听中的运用。

关注四要素
1. 事实:对方看到或听到什么?他有怎样的想法?
例　她看到我和她打招呼。她可能在心里想:好烦……
2. 情感:他现在是怎样的心情?
例　着急、紧张。
3. 愿望:他有怎样的愿望?对他来说,最重要的是什么?
例　她希望得到理解和配合。最重要的是她可以继续专注地做她的事情。
4. 请求:他有什么具体的请求吗?你怎么做,他会比较满意?
例　她请我不要打扰她。我去做自己的事情,不要和她说话,她会比较满意。

结合爱的语言四要素,我们可以比较好地把握对方的经历、情感、愿望和请求等。在上面的表格中,我试着描述我爱人的状态。对于我们的亲人,当我们把注意力放在他们的批评和指责上时,我们就容易和他们较劲。而一旦我们看到他们语言背后的情感和愿望,我们往往就会变得温和而理性。

此外,我们要根据具体的情境,有意识地选择倾听的重点。例如,在领导交办某件事情时,我们需要特别关注领导具体说了什么;在朋友倾诉烦恼时,我们可能更需要关注他的情感和愿望。这是因为他们的期待不同。领导希望的是我们把事情办到位,而朋友找我们倾诉往往是想要得到陪伴和关心。

深入倾听的方法

为了深入地倾听,我们要创造宽松的谈话氛围,让对方能够自在地表达自己。要做到这一点,我们除了需要能够安静下来,还需要掌握一些具体的方法。以下是三个要点:

一是,保持中立,不要赞同或反对对方的观点。如果我们表达明显的立场,对方就有可能有意地迎合或回避我们的立场,甚至还可能引发不必要的冲突。这样,就会导致对方无法沿着自己的思路展开话题。

二是,给予对方适当的反馈。在倾听的过程中,对方可能会想知道我们的反应。这个时候,我们可以结合四要素体会他人并给予反馈,帮助对方意识到我们是怎么理解他的。反馈时,要考虑具体的情境。如果是工作场合,你反馈他的情感,大家可能就会有点尴尬。如果是朋友向你倾诉,反馈情感则可能正是他需要的。此外,反馈要简明,以免打断他的思路。

三是,跟随对方的节奏。我们密切关注对方正在陈述的内容、当下的情感以及背后的愿望和请求。这意味着我们既不要只关注对方的话语表面的意思,也不要转移话题。在《论人的成长》中,卡尔·罗杰斯对"共情"的特点的描述可以帮助我们体会这一点。他认为"共情"是一个过程,并且"与他人共情的方式涉及几个方面":

> 这意味着进入他人私密的感知世界,并且感到无拘无束;它包括对他人心中变化的感知意义时刻保持敏感,同时对他人正在体验的恐惧、愤怒、脆弱、困惑等感受时刻保持敏感;它意味着暂时进入他人的生活,在其中游移而不做任何评价;它涉及感受他人很少察觉的感受,但不要揭开他完全不曾察觉的感受——因为这太有胁迫性;这包括当你用淡定的新视角去审视他所害怕的事件时,你与他交流你对其世界的感受。这意味着需要经常与他人核实你对他的感受,并从回应中得到引导。你是他内心世界中一名自信的同伴。通过指出他人的体验可能具有的意义,你帮助他关注这一有效的参照物、更充分地体验这些意义,在体验的过程中继续前进。

在这里,卡尔·罗杰斯既谈到"不做任何评价",又谈到"指出他人的体验可能具有的意义"。这看上去似乎是自相矛盾的。实际上,这里的要点就是"跟随":我们关注对方已经表达的但可能自己都没有充分体会到的意思,然后通过给予对方反馈,帮助对方更好地体会自己,并为谈话的深入创造条件。

下面结合一个倾听者的练习来说明这三个要点在倾听中的运用。

这个案例是王丽和邓凌两人的对话。【】内的文字是我的点评。邓凌的小孩在国外读书,在语言学习上遇到了一些困难。在表达时,虽然邓凌说的话有时有些长,但王丽并没有打断她,而是耐心地陪伴她。王丽的倾听为邓凌充分表达自己、梳理自己的情绪创造了很好的条件。

邓凌:"……我有时候看她回来就光看电视,也不读书。因为他们的作业毕竟还是比较少,不是天天都有很多作业。尤其是周末和节假日基本上就没作业,然后她就光看电视。看电视,你的那个阅读水平怎么提高?她不管,说看电视也能学英语。我想,看电视当然可以学一些英语,就是她多听也会有帮助,但是光看电视,她碰到具体的单词,还是不认识。意识到这点之后,我就开始着急了。哎呀,不知道怎么才能推动她。她就是始终对学习提不起太大的兴趣。"

王丽:"你心疼孩子,看到她遇到阅读的困难,还是有点焦虑,希望能帮她找到她感兴趣的方式方法,是吗?"

【点评 邓凌的这段倾诉较长,王丽注意保持安静并在适当的时候简要地表达自己的理解,挺好!】

邓凌:"是。一方面能够理解她,学习中困难确实是挺大的,也不是短期内能克服的。关键是怎么样才能开始呢?总得有开始。跟她说过几次之后,再说,她就有点儿烦了。我尝试过几次其他方法,还是有一些挫败感。真的希望能帮她找到切入点,使她能够喜欢上读书……"

王丽:"嗯嗯,咱着急,人家没事儿人一样。"

【点评　倾听时,要注意保持中立,而不要去评判他人。在这里,王丽可以考虑就先回复"嗯"。】

邓凌:"不知道她是不是像没事儿人一样,像老话儿说的'皇上不急太监急'……有时候自己也觉得挺累的。自己在帮她想办法,但是,你跟她商量,她老不理。就是被她的事儿花了太多精力,自己的事儿经常顾不上了。这段时间瑜伽也没练,经常腰酸背疼,自己读书会的事儿也没准备。感觉照顾自己的时间很少,整天照顾孩子和家庭了。今天下午出去溜了一大圈儿回来,感觉还挺好的。就是想起她读书的事情一直没有太大进展,还是挺着急的。"

王丽:"嗯嗯,放了很多精力在她身上,有些累,把自己忘了。(三个拥抱的小表情)"

邓凌:"(三个拥抱的小表情)谢谢你。"

王丽:"一想到她读书的事儿就有些焦虑了。"

【点评　王丽的这一句和上一句分别反馈了邓凌对自己的需要的关注和对孩子学习的关注。这是邓凌上一部分叙述结束时的两个主要的点,分成两句来反馈,挺好!】

邓凌:"是啊。唉,着急也没用,本来就是她的事儿。所以,我觉得是不是自己老催她呀,我自己的情绪对她有一些影响。所以,有的时候想想就……先把自己放松下来,想做点儿啥就做点儿啥,可能她也会感觉放松一些吧。"

王丽:(发了一个"赞"的表情)

【点评　这时是不是点赞,要考虑一下。如果继续倾听,搁置评判,保持中立,有助于创造一个对方可以放松表达的氛围。可以考虑反馈说"你觉得你放松下来,可能对她也好",或只是用

"嗯"表示听到。可以等倾听完全结束后,再发表自己的看法。】

王丽:"现在感觉怎么样?"

邓凌:"感觉胸口好像没那么堵了,心也不像刚刚开始说这些事儿的时候提着,好像放下了不少,虽然觉得里面还有一块硬硬的,在那儿还有些不舒服,肩好像也放松了下来。"

王丽:"放松了些,还是没有完全放松。"

【点评 用简单的语言概括对方的叙述,挺好!】

在聆听他人的倾诉时,我们可以试着保持中立,跟随对方的节奏,让对方可以自如地表达自己。有时,他会停下来,想要知道我们怎么理解他的话。这时,我们可以用简洁的语言反馈他所要表达的要点。如果他觉得得到了自己所需要的理解,就会继续往下说。或者,如果我们理解得不够准确,他也可以作出澄清。不论如何,我们要让他把握谈话的主动权,创造条件让他逐步深入地表达自己,而不打断他的思路。在这个对话中,除了偶尔评论,王丽基本上做到了安静倾听、适当反馈,以及跟随邓凌的节奏。这样,王丽就很好地支持了邓凌表达和体会自己,并帮助她放松下来。

引导妨碍倾听

倾听意味着让对方把握谈话的方向,而不要引导对方。下面是王丽的另一个倾听练习记录。我们将看到,试图引导会妨碍倾诉者自由地表达自己。

张帆:"您好,王丽老师! 早餐没控制住情绪。"

王丽:"实在是忍不住了,对吗?"

【点评　反馈事实。】

张帆:"孩子的卫生问题,说了不止一次,没效果。的确没忍住。"

王丽:"'说了好多次了,你都没改。我给你来个厉害的教训教训。'当时是这么想的吗?"

【点评　反馈事实。】

张帆:"不是想教训孩子,是觉得不卫生,房间乱,脏衣服跟干净衣服没分开,泡的衣服两天还没有洗。我觉得我是忍受不了孩子屋里的环境了。"

【点评　虽然没猜对,但并不妨碍张帆继续表达。】

王丽:"希望他把脏衣服洗出来,干净衣服放在一个地方,不能混在一起。"

【点评　反馈请求。】

张帆:嗯。

王丽:"看到这么乱,你很生气,需要干净整洁,是吗?"

【点评　反馈事实、情感和愿望。】

张帆:"是的。我把泡的衣服洗了,洗的时候,情绪一下就爆发了。"

王丽:"孩子把衣服泡在盆里两天了,也没有洗,他在忙什么事情呢? 现在说这件事的时候,你的心情怎么样?"

【点评　王丽的第一句话转移话题了。我猜张帆当时有些懊恼,如果王丽想要跟随她谈话的节奏,可以问"你现在是不是挺懊恼的?"】

张帆:"写作业、吃饭,我也知道孩子时间紧。平静了好多,有愧疚的成分。"

【点评 她在反省她自己。】

王丽:"时间很紧张。那洗衣服的时间,他还是能抽出来的吧,你是不是这样想呢?"

【点评 这个时候,张帆在表达愧疚了。如果顺着她的关注点,王丽可以反馈说:"你希望自己能够多体谅他,是吗?"或者只是"嗯",给她创造表达的空间。】

张帆:"我早晨为我的情绪跟孩子道歉了,但我感觉孩子能感到我不是真心的。如果衣服不累积,一天洗几分钟的时间肯定是有的。我希望孩子每天洗当天的衣服,不要累积,一天五分钟足够了。"

王丽:"孩子不想洗衣服,是不是他觉得有点累,想休息,想放松呢?"

【点评 这个时候的关注点可以仍然放在孩子妈妈身上。王丽可以说:"你是不是一方面觉得有些愧疚,希望自己能多体谅孩子,另一方面,心里面其实还是希望孩子可以更好地分配时间?"一般来说,作为倾听者,我们先充分倾听和理解对方,然后再帮助对方理解另外一个人。】

张帆:"我觉得是衣服多,他不洗也有得穿。是我买的有点儿多。"

【点评 她的关注点仍然是在反省自己。】

王丽:"关于这一点你和孩子确认过没有?是不是他也是这样想的呢?"

张帆:"没有确认过,仅仅是我的想法。"

王丽:"现在对孩子还感到愧疚,是因为早晨冲他发火了吗？如果这个事情再来一遍，你会怎么做呢？"

【点评　王丽作为老师，一方面觉得自己应该引导，另一方面张帆又期待她的引导，所以要特别注意自己引导对方的强烈冲动。在谈话中，要沉住气，多用"嗯""哦""我在听"之类的词语，让张帆可以尽情表达。可以等她表达比较充分了，没那么关注自己了，再帮助她理解孩子和解决问题。】

……

在这个练习中，特别是在开头部分，王丽会注意表达对张帆的理解。但由于王丽很在意张帆的孩子能够多得到一些理解和体谅，在后半部分，她的回应就有了明显的导向。她的引导对张帆也许是非常有价值的，但她后半部分并没有专注在体会张帆的情感和愿望上，所以不能说是很好的倾听练习。

作为倾听者，我们常常会不自觉地带入自己的成见和偏好，以致不能以平和的心态倾听对方。为了克服这一点，我们需要具备一定程度的自我觉察。在发现自己有引导或改变对方的愿望时，我们可以提醒自己：为了更好地倾听对方，需要先把这些念头放在一边。

"感同身受"妨碍倾听

在我们聆听别人诉说他的痛苦时，我们可能会由于深深的同情，而觉得"感同身受"，或想到自己类似的经历。如果我们处于强烈的情绪中，就难以很好地体会到对方思想和情绪的变化。在《论人的成长》中，卡尔·罗杰斯还提到他早期对"共情"的定义：

共情或共情状态,是指准确地、带有情绪色彩地觉察另一个人的内在参照系,就好像你就是他,但又永远不失去"好像"状态。因此,这意味着你就像他感受的那样去感受他的痛苦或快乐,并像他觉察的那样去察觉其中的原因,但是永远认识到:"好像"我是痛苦或快乐的,等等。如果失去"好像"的特征,那么这种状态就是一种认同。

在倾听时,我们要注意保持适当的距离,就像卡尔·罗杰斯这里讲到的"永远不失去'好像'状态":既不冷漠,也不卷入到强烈的情感中。

下面是一位女士倾听孩子的经历:

经历了中考的纠结、焦虑,孩子终于上了高中,这算过了一关,终于感觉可以松口气了。可这还没松快几天呢,一个周末,女儿回来说她想上国际班,我直接回复说"高一都要结束了,不可能"。"咔"的一声,女儿把门又关上了。

后来,我想到在和孩子聊天的时候,要多一点耐心。于是,周日一早,我觉得人还有点懵懵的,感到头疼,脖子硬硬的,但还是坚持着等她起来聊聊。

女儿:"我着急转国际班,再等就来不及了。"

我:"你着急转过去,为什么呢?"

女儿:"高考压力大,国际班可以选的学校多,而且可以被多个学校录取,不用这么费劲地考。我的英语现在不行,我想专攻英语一年,高二转过去,我重读高一,这样我就能行。"

我:"你想集中时间学习英语,这样进步就可以很快,是吧?"

……

(女儿开始和我谈她在学校的不快,原来她和老师有了矛盾,我一直耐心地听她讲,有时也表达一下自己的理解。)

女儿(哭,委屈的样子):"嗯,我不想去上学了,我要在家学,在外面学,我在学校有好几天都没睡好了,上课困,想听也听不进去,越着急越听不进去。"

我:"你是想让妈妈支持你,也想放松放松,但还不敢,还有很多顾虑,是吧?"

(我稳住了自己,以往我不会这样,而会教训她:怎能因为这点小事说不去就不去了!)

女儿(哭,手里还拿着笔):"嗯。"

……

学习沟通方法已经很久了,我第一次成功地通过耐心的倾听了解到孩子真实的想法和遇到的困难。我内心的那种欣慰,就像找到了一把打开心门的钥匙。

后来,女儿还是选择了去上学。之后的几周,我也是多倾听,少说教,我们的关系越来越近。上个周末,女儿回来后让我给她掏耳朵,松松肩颈,松松后背,让她放松放松,然后周一轻松地去学校了。

不再提心吊胆,不再随时担心听到"咔"的一声的感觉真好。

在这个对话中,这位妈妈在倾听女儿时就保持了比较好的距离,没有卷入自己或女儿的痛苦之中。这为孩子顺畅地表达自己,并得到理解和关心创造了条件。最终,孩子放松了下来,继续回到学校上学了。

面对他人的痛苦,我们难免会有一些心情的波动。当我们的亲人感到痛苦的时候,更是如此。所以,在倾听他人时,我们要留意自己的状态,并提醒自己保持对对方的关注。

结束倾听的时机

在生活中,许多人很少得到专注的倾听。熟练地运用前面讲到的倾听技巧,可以帮助他们自在地表达自己并得到准确的理解。但人们想要的常常不只是倾诉,他们往往还会希望得到解决问题的建议。因此,作为倾听者,我们需要判断结束倾听的时机,然后将注意力转向探讨如何解决问题。

下面是一个朋友的倾听练习记录,可以帮助我们理解这一点。

郑兰:"你学不学古筝?我和老师商量好了,就是以前教我古筝的那个老师。他现在不在琴行教古筝了。我问他,如果有几个学生,他来我这边教行不行,他说可以。我想着能有三四个学生比较好。买个古筝一块儿学吧,行不行?……"

李萍:"好的,明天早上给你回话,让我和当家的商量一下。"

第二天。

李萍:"不知道我能不能学会?七个音符都不知道,我能学会吗?要不,你去上课时,我跟着你去看看。我怕我又半途而废,像学瑜伽一练就头晕,不敢去练了。"

郑兰:"怕学不会有担心呀?"

李萍:"我怕自己半途而废,不知道这个难度有多大。"

【点评 到这里,李萍的意思已经很清楚了。她想要有个体验课。但是,郑兰后面的谈话并没有回应这点,难免就会有话不投机的感觉。】

郑兰:"难了,是不是就不愿意坚持了?"

李萍:"就是担心自己会坚持不下去,会放弃。"

郑兰:"平时事情多,怕没有时间练习,会跟不上课,是这样想的吗?"

李萍:"是的。"

郑兰:"所以尽管内心很想学,但还是有些犹豫了,对吗?"

李萍:"是的,是这样的。"

郑兰:"后退的力量大于试试的勇气吗?"

李萍:"还是想试试的。"

谈话到这里就结束了。谈到最后,郑兰还是没有回应关于体验课的问题。在学习倾听的技巧前,我们往往会直奔主题,有时会过于直接,没有了解清楚情况就发表意见;在学习倾听技巧后,我们可能就会过于关注对方的内心世界,而少了一些直接。这是初学者常见的问题。实际上,在一个对话中,我们常常需要在倾听他人和表达看法之间切换。我们需要学会辨别,哪些时候需要注意倾听,以及哪些时候又需要结束倾听。

接下来,是另一个例子。这是我在工作坊和一个朋友的对话记录。

朋友:"有件事,我很犹豫。我特别向往能有一处自己的小院子居住。现在正好有个机会可以实现这个愿望,但我纠结要不要租。租期是二十年。我担心租期遇上不可控的事情,造成很大的经济损失。另外,距离市区远,担心出行不便。还有,去一个陌生环境,是否真如我想象中的那样理想。但是,我又是那么喜欢院子,现在有这个机会,又怕错过。住楼房让我感到不自在,很憋气。我特别希望自己可以有一个独立的空间。"

我:"你希望有空间做点自己喜欢做的事,比方养养花什么的?"

朋友:"是,我很想过放松的生活。"

我:"你希望自己好好放松放松,透透气?"

朋友:"是的,我希望自己可以好好放松一下,生活有压力,但我又不敢停下来。有时候真是透不过气来……老师,我听到你说希望透透气时,有情绪出来了。"

我:"我知道你有苦恼。"

朋友:"难道是我平时压力太大,当下只是希望放松下来好好透透气?这个透气的代价是否太大了?"

我:"你想自己可以透透气,但又希望租房这事靠谱,将来生活、工作方便,还有别的。这么多条件都需要具备,我建议你还是别租了。不如自己找个地方好好放松,或者带上孩子去度假?"

朋友:"我知道该怎么办了!"

工作坊的实际对话比这里记录的复杂和自然一些。在开始的时候,我先确认她为什么想租房子,然后结合我平时对她的了解,直接给她建议了。对我来说很清楚,她那么多顾虑,真租了那二十年的小院子,恐怕非但解决不了问题,还会更有压力。

她后来给我反馈说:"在这次被倾听的过程中,有两点意想不到的收获。第一,开始的目的很简单,就是希望听听老师的建议,租还是不租。没想到老师精准地扫描到了我的情感需求,让我意识到租个院子并不是我当下理性和最满意的决定。有很多选择可以让我更轻松地透气,而房子还没来得及让我透气,就已经凭空增添了许多烦恼。第二,在很短的时间内,老师解决了我的困惑,同时还让我很清晰地知道自己怎么了。这个过程,我觉得自然而然和简单高效。"从她的反馈来看,我的判断符合她自己的体会。

总的来说,我们要根据实际需要来决定自己的交流方式。有时,倾诉者想要的只是陪伴,这时只是倾听就刚好符合倾诉者的期待。如果倾诉者想要的是解决问题,那我们就要留意倾诉者的状态,并在适当的时候结束倾听。此外,作为倾听者,我们还要考虑照顾自己的需要,如果我们听累了或者感觉到自己有强烈的情绪,就要考虑是不是该结束倾听。

倾听与表达

在倾听的过程中,我们需要保持中立,对对方的观点不作评判。有个朋友曾问我,如果我不太同意对方的看法,只是表达理解而不谈自己的意见,那会不会不太坦诚?我们先不谈自己的意见,是为了让对方自在地表达自己。如果需要表达自己的意见,我们可以等结束倾听后再表达。例如,在上一章,我们谈到一位老师在了解学生的情况后,教育学生要对自己的行为负责。但并不是说,有不同意见就都要说出来。因为表达不同意见有时非但帮不了对方,反而容易产生隔阂。所以,在有不同的意见时,我们要根据实际的需要来看如何回应对方。

有个朋友谈到她处理父母矛盾的一次经历:

中午我接到妈妈微信电话:"你爸又开始喝酒了,恨不得一天喝三次。尤其昨天喝完酒后,又开始像年轻时耍酒疯的样子,大喊大叫发脾气,听不进好言相劝。我看是在作死。"

我听妈妈说了半个多小时,又和爸爸视频了二十多分钟。我没有站在妈妈的一边数落爸爸,只是跟爸爸聊聊天,听他说说话。第二天晚上我收到妈妈的微信:"昨天你跟你爸聊天后很见效。昨天晚上就没喝,今天只是中午喝的,很好。"

又过了几天,我在和父母视频电话时,问到父亲走路、喝酒的情况。父亲说走路比以前走得多了,能走四五圈,达到了锻炼的效果。喝酒一天一顿,一顿一两。父亲说他能说到做到,我说父亲特别有毅力,是我的榜样。父亲听了笑着说:"很高兴。"

是不是直接表达意见,要看实际需要。这位父亲显然知道女儿并不赞同自己过量饮酒。女儿再唠唠叨叨,恐怕只会让父亲烦心,且于事无补。然而,女儿没有直接数落父亲,却能让父亲体会到体谅和鼓励,帮助他克服自己的缺点。可以说,此时无声胜有声。

如果我们在倾听时,发现自己对另外一个当事人有意见,这个时候,我们要注意克制自己和倾诉者一起批判的冲动,然后看看怎么做才是真正有益的。

有位朋友谈到他如何对待父亲与叔叔们的矛盾:

父亲与叔叔们难免不时会有些小矛盾,过去听父亲抱怨多了,就会站在父亲的立场上来看问题。这样,我心里也对叔叔们产生了一些不满,有时还会附和父亲几句。当然,这对他们之间关系的缓和一点好处也没有。现在,我的态度非常明确,就是要促进大家庭的和谐。

有一次,我大哥打电话给我说:"父亲与叔叔们在一起聚餐吃饭时发生矛盾了。他们谈到照顾奶奶的事情,这个事情现在主要由四叔在协调。在谈到费用时,父亲很生气,指着四叔大声说:'你在这个事情上就是针对我,一点兄弟感情都不讲。'四叔反驳说:'你这样说话,就讲兄弟感情了?'父亲就开始大骂:'你不是(我的)兄弟,(你)还不如别人……'他们大吵了起来。其他人把父亲拉回家,聚餐不欢而散了。我们劝他不管用,才说一会儿,他就要挂电话了。你去劝劝吧。"于是,我就打电话给父亲。我先问候他,然后闲聊了几句。接着,父亲就开始抱怨。他看起来非常生气,说话的声音很大,激动时还骂上几句。我安静地听他讲,有时运用爱的语言的技巧表达对他的理解。比如,我和他说:"你好生气,你希望叔叔能重感情?"聊了一会儿,父亲的声音变得缓和一些,不再那么激动了。等他安静下来后,我给父亲讲叔叔可能是怎样考虑的。这时,父亲很平和地对我说:"你这样说,也有道理。"

虽然我不像过去那样站在父亲的角度看问题,附和他,但我觉得父亲反而放松了一些。因为对他来说,真正重要的不是证明自己对,而是兄弟间的和睦。这样的经历让我意识到我现在处理他们矛盾的方式是正确的。

在倾听时，为了创造条件让倾诉者自在地表达自己，我们需要暂时搁置自己的想法，不要评价他人。等倾听结束，或者暂时告一段落后，我们再结合实际需要来考虑如何回应对方。有时，我们可能什么也不用说，而在另外一些时候，我们可能需要积极表达自己的看法。

小结

理想的倾听状态是，安静下来，一心一意地去了解对方的状态。如果我们静不下来去体会对方，我们要具体分析是什么原因，并做出相应的调整。

在倾听时，我们可以结合四要素来体会对方。这可以帮助我们更好地把握对方的经历、情感、愿望和请求等。此外，我们需要根据具体的情境，有意识地选择倾听的重点。

为了深入地倾听，我们要创造宽松的谈话氛围，让对方能够自在地表达自己。以下是三个要点：(1) 保持中立；(2) 给予适当反馈；(3) 跟随对方的节奏。

作为倾听者，我们需要判断结束倾听的时机。如果对方想要我们帮助解决问题，当我们已经了解了足够的信息后，就可以把注意力转向解决问题。还有，如果我们已经疲倦了或者处于强烈的情绪状态，也要考虑给予自己适当的照顾。

在有不同的意见时，我们要根据实际的需要来看如何回应对方。有时，我们需要直接地表达自己；有时，则需要委婉地表达自己；在另外一些时候，什么也不用说。

练习六：关切地倾听他人

个人练习

练习1：理解他人的怨

想起别人对你的抱怨,然后运用四要素理解对方对你的抱怨。为了顺利完成练习,请用一件小事情来做练习。

关注四要素
1. 事实:对方看到或听到什么？他有怎样的想法？
2. 情感:他现在是怎样的心情？
3. 愿望:他有怎样的愿望？对他来说,最重要的是什么？
4. 请求:他有什么具体的请求吗？你怎么做,他会比较满意？

练习说明： 在运用爱的语言四要素体会他人的抱怨时,我们要注意自己是否准备好了。如果我们处于强烈的情绪中,我们可能就不愿意去体会对方的愿望,特别是他的深层次愿望。如果出现这样的情况,我们可以考虑先运用四要素体会自己,或请求其他人的协助。

练习2：一对一倾听练习

找一个学习爱的语言的朋友,在他遇到烦恼需要倾诉时倾听他。

以下是练习提示:

1. 搁置成见

看看自己是否可以放下成见,静下来,带着好奇体会倾诉者。

2. 关注四个要素

留意事实、情感、愿望和请求。

3. 跟随倾诉者的节奏

让倾诉者可以顺畅地表达自己,同时允许他有沉默的时间。

4. 适时反馈

当倾诉者希望听你反馈时,可考虑反馈。记住:这不是赞同或不赞同倾诉者,而是帮助他了解你是怎么理解他的。

5. 反馈的方式

(1) 运用"你"而不是"我"开头,有助于倾诉者把注意力放在他自己那里。

(2) 结合四要素反馈对倾诉者的理解。

例句:

反馈事实:"你是说他没有按时完成作业这个事情?"

反馈情感:"你是不是感到有些焦虑?"

反馈愿望:"你希望他能够养成良好的学习习惯,是吗?"

反馈请求:"你是不是希望他晚上先完成作业再干别的?"

(3) 为了体现开放的态度,注意语气。

例如:用带着疑问的语气来反馈。

个人练习示范

练习 1:理解他人的怨

请参考本章"关注四要素"这一部分的内容。

练习 2：一对一倾听练习

请参考本章"深入倾听的方法"这一部分的内容。

团体练习

一、练习目的

1. 练习在倾听时反馈倾诉者的情感和愿望。
2. 了解这样的反馈方式对沟通的意义。

二、练习人数

可分 5~6 人一组练习。

三、练习步骤

1. 倾诉者讲一个不太愉快的经历(五分钟以内)。
2. 第一轮反馈:习惯式的反馈。
3. 第二轮反馈:倾听者反馈自己体会到的倾诉者的情感和愿望。请参考以下句式:你是不是有些_____(情感),你希望_____(愿望),是吗？(情感和常见愿望的词语,参见第三、四章的情感词汇表和常见愿望词汇表)
4. 倾诉者分享听到不同反馈的感受。

四、练习说明

以下是一个虚拟的练习过程,用来说明练习步骤。

步骤一:倾诉者讲一个故事。

倾诉者:"和父亲住在一起后,教育观念的差异让我和父亲彼此看不顺眼。晚饭后,两岁多的女儿玩起了磁力棒,我背对着饭桌,坐在女儿身边看着女儿。她小小的手摆弄着磁力棒反复努力着,用了七八分钟搭出了有生以来第一个正四面体,之后连续 40 分钟,饶有兴致地接连搭了 13 个正四面体,每完成一个都会欣慰地长出一口气。我看在眼里,喜在心里,赞叹道:'真棒!'我话音一落,父亲便把酒杯蹾在桌上,鼻子一哼:'不受挫折的教育不是完整的教育!'"

步骤二:倾听者习惯式的反馈。

倾听者 1:"别和他一般见识!"

倾听者 2:"孩子还是自己带比较好。"

倾听者 3:"对孩子要鼓励,多表达欣赏,老人不懂这些。"

倾听者 4:"你父亲说得对!你就是太宠孩子了!"

倾听者 5:"他针对的应该不是这个事情,他可能是觉得你该严的时候也不严。"

步骤三:倾听者表达理解。

倾听者 1:"你是不是有些<u>郁闷</u>,希望父亲能对你多点<u>理解</u>?"

倾听者 2:"你是不是觉得有点烦,希望可以多一些自己的<u>空间</u>?"

倾听者 3:"你是不是感到很无奈,希望父亲可以<u>尊重</u>你养育孩子的方式?"

倾听者 4:"你是不是有<u>些伤心</u>,希望家里能够<u>和和睦睦</u>的?"

倾听者 5:"你是不是觉得有<u>些难过</u>,希望你们父女的关系能够变得<u>融洽</u>些?"

步骤四:倾诉者分享体会。

倾诉者:"第一轮反馈,前三位朋友的观点听起来有点解气,让我觉得自己更有理了;第四位朋友的反馈,听起来感觉比较堵;最后一位朋友的反馈,细一想,挺有道理,但第一感觉不太能够接受。第二轮反馈,感觉都比较贴心,会让我有继续聊下去的愿望。"

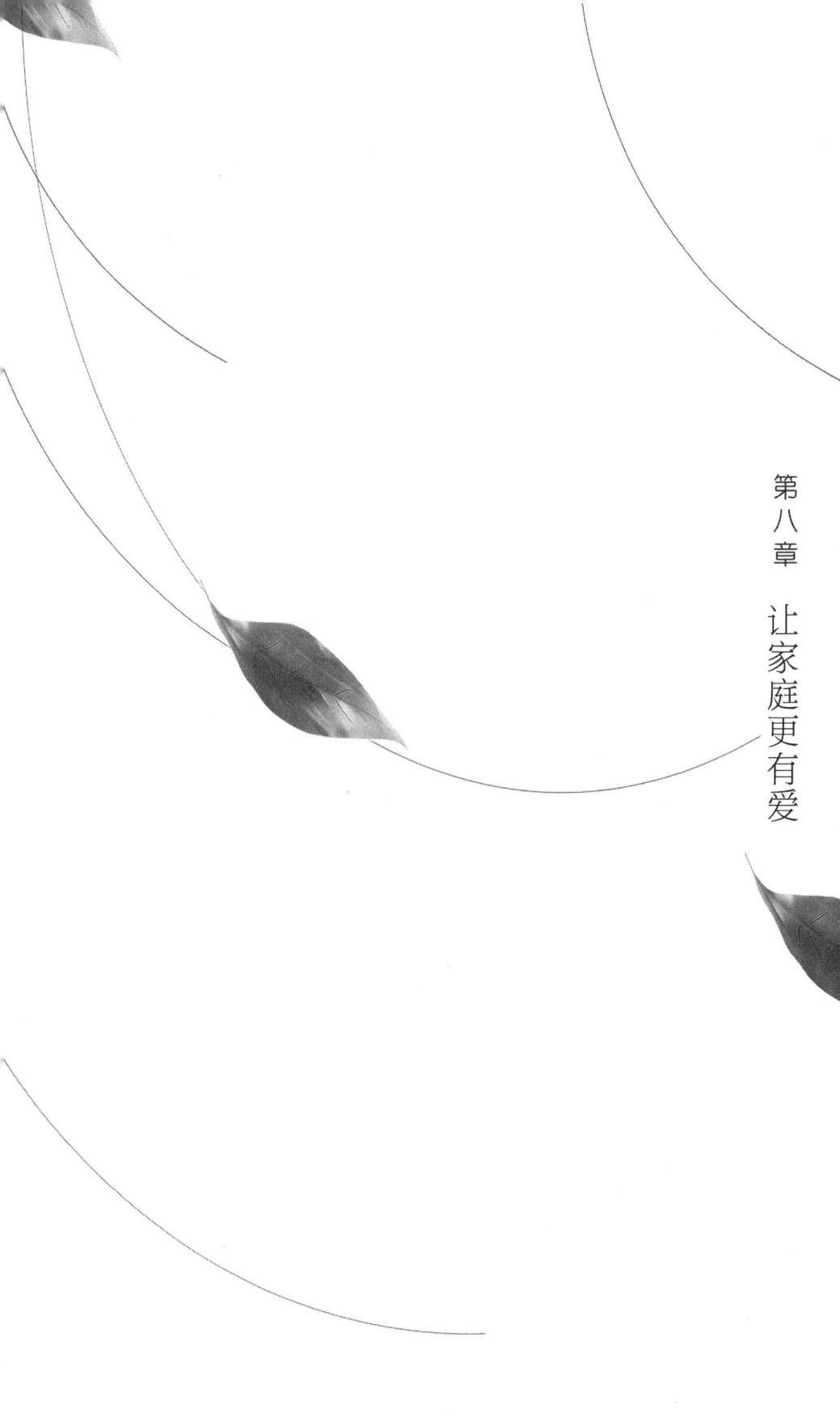

第八章 让家庭更有爱

前面介绍了爱的语言四要素,以及表达和倾听的技巧,本章和下一章将分别探讨爱的语言在家庭和工作中的运用。

关注自己的需要

处理好家庭关系,不同的人的需要可能是不同的。比如,有的人需要学会更好地表达自己对家人的关心,有的人需要能够直率地表达自己。所以,在处理家庭关系时,我们要根据自己的需要来采取相应的办法。

有位朋友讲到了她和母亲之间发生的一个故事:

一日回家,看见母亲披着一块自己用浴巾改造的披肩。披肩已经洗过很多水了,与美观没半毛钱关系。我问母亲:"妈,前年给你买的羊绒披肩呢?"母亲说:"弄脏了不好洗。"原来是担心弄脏后洗坏了,我回家后又找出一块披肩给母亲,面料可以机洗,穿起来也很方便。

周末回家,母亲像想起什么大事一样对我说:"你等着,我给你看个东西。"过了一会儿,母亲从卧室出来,手里拿着我前些日子给她的披肩,但分明款式已经大变。原来是分片式的,改造后已然变成了一个类似斗篷的服装。母亲披在身上让我看效果,我有些哭笑不得:"妈,现在这个毫无美感了,勉强像个斗篷吧,但是我更想说像个蓑衣!"母亲脸色变了变,想发作,但是忍住了。过了一会儿,她开始嘟囔:"我这个要是穿出去,人家都会夸我手巧,在你这里都是无用功。"

我没有再回应母亲,担心自己说多了,娘俩又"叮当"起来。回到家后,想到母亲用的一个水杯,是个小丁点的玻璃罐头瓶,母亲居然给这个小罐头瓶织了个毛线套。想到这,心里又是一阵生气:"给你拿过去那么多保温杯,你都不用,非要用个小破罐头瓶,还费劲织个套子。有好东西不用,非得费力气鼓捣这些破烂,真是有劲没处使啊!"生了会儿气后,心情好点了,又想起了母亲说的话:"我这个要是穿出去,人家都会夸我手巧,在你这里都是无用功。"这个让我生气的老太太到底想干吗呢?

人家夸她手巧,那一定是美滋滋吧?这是想要肯定和赞扬啊!我这榆木脑袋咋没想到呢!平时光吆喝着我要被看见、被肯定,咋就没想到母亲人老了也想要被看见、被肯定呢?她的手还真是巧,被类风湿侵蚀的手完全变形,还能拿着针线做一点针线活,这难道不值得肯定吗?她安安静静地做点针线活有啥不好呢?平时朋友圈里,大家玩个泥巴、钩个花边、画个画都要晒一晒……咋自家的老妈按照自己的想法做点手工,我不仅不欣赏,反而还冷嘲热讽的呢?我这心还真是歪到沟里去了。

在和母亲的互动中,我逐渐看到了自己的一些问题。比如,这一次,我满脑子都盘旋着"她总是想怎么样就怎么样",而不能去理解和关心她。以后,遇到事情还是要关注母亲的心情和愿望,只有这样,我才能够真正体贴到她。

这位朋友的性格比较直,当妈妈没有照她的意思去做时,她就表达了她的不满。看到妈妈很不高兴后,她又提醒自己去关心妈妈的情感和愿望,而不再坚持自己原来的主张。她这么做显然会有助于改善她们母女的关系。

而对于平时不太能够表达自己的人,就像我在第六章"适当地批评、抱怨"中讲到的,有时直率一点表达自己,可能反而可以促进双方的关系。

家庭和睦是人生幸福的基础。在处理家庭关系时,我们要考虑我们个人的特点和实际的需要,然后采取相应的办法。这样,我们也就可以灵活地照顾自己和家人,并促进家庭的和谐。

回应父母的需要

爱父母,就要考虑父母的心理。在现代社会,由于不能住在一起或工作的忙碌等原因,许多成年的子女和父母在一起的时间比较少。对于父母来说,他们会很渴望得到子女的陪伴。

下面是一位朋友分享的她陪伴母亲的故事:

5月份,妈妈与朋友在杭州等地旅游时,突感脚部不适,行走时需要有两人搀扶。爸爸和我们几个子女听到后都很着急。通电话时,妈妈说现在团队到了一个景点,导游带着其他人进去参观了,她一个人坐在景点大门外,脚不走路时不痛,但一走路就不行……我们提醒妈妈看看附近是不是有诊所,或先请导游帮助买点外用药喷喷,甚至有点埋怨妈妈原本这次就不该跟团去杭州,毕竟西湖去过多次。妈妈也说自己很后悔这次出游。

挂掉电话后,我感到非常不安。我想起了爱的语言的倾听方法,又单独拨通了妈妈的电话。

我:"妈妈,你一个人坐在那里,冷吗?"

妈妈:"不冷,确实她们进去好久了,怎么还没出来?"

我:"你是不是很着急?"

妈妈:"是哟,急死了。看不看景点都无所谓,我都来过几次了。关键是哪怕走一步路、上下车都需要人家搀着,可还要再参观一个景点才能回酒店。"

我:"哦,你不希望拖累人家?"

妈妈:"是哟,原本是她们没来过,我是为了陪她们才来的。可这次连累她们了,要一直搀着我。不知道晚上休息一下,脚是不是会好点?"

我:"你希望脚明天赶快好起来,可以正常跟团?"

妈妈:"是的,导游说明天是不折返的,所以我只能跟着大家一起走。不过车上有个医生,说等晚上回到酒店帮我治治。"

我:"这样呀,那太好了!妈妈心好,出门在外总碰到贵人。就像那次你不认得路,那个好心人还特意开车把你送到目的地。"

妈妈:"那个人真是世上难得的好人,特意回家开车送我。这个医生人也很和气,他的办法应该会有效。希望明天这只脚能争争气,赶快好起来。"

我:"你和两位阿姨难得一起出去,本来是想好好放松放松的。"

妈妈:"是哟,我还约了你婶婶她们一起来。"

我:"妈妈,你好有号召力呀,导游都要谢谢你,带了这么多人一起成团。"

妈妈总算在电话中带着笑意说:"那是,我不来,她们几个都说不会来。导游很关心我,嘘寒问暖,还帮我调到大巴前面的位置来坐,也多亏她们几个,轮流搀着我……"

后来妈妈还和我聊了一些见闻。那一次我体会到用心倾听妈妈,关注她的心情和心底的愿望可以起到非常重要的作用!我感觉妈妈的情绪平复了一些,脚疾给她带来的心理压力也小了很多,在等待同伴回来时也没那么难熬了。

在日常生活中,我们可能很少有时间陪伴父母。但如果我们能够掌握比较好的倾听技能,在父母有困难的时候,好好陪他们聊聊天,也许就可以给他们很大的安慰。

除了陪伴,在生活中,父母还特别渴望能够得到子女的敬重。《论语》里面讲道:

子游问孝。子曰:"今之孝者,是谓能养,至于犬马,皆能有养。不敬,何以别乎。"

孔子的这段话强调子女对父母要敬。孔子所说的实际上也反映了父母对子女的期待。如果子女无法敬重父母,父母恐怕难免就会感到失望。但敬重父母,并不总是一件容易的事情。在《我的儿子》中,胡适谈到他不赞成把"儿子孝顺父母"列为一种"信条"。他问道:"假如我染着花柳毒,生下儿子又聋又瞎,终身残废,他应该爱敬我吗?又假如我把我的儿子应得的遗产都拿去赌输了,使他衣食不能完全,教育不能得着,他应该爱敬我吗?又假如我卖国卖主义,做了一国一世的大罪人,他应该爱敬我吗?"

虽然胡适讲的都是一些比较极端的情况,但也说明了每个人的情况不同,孝敬父母对一个人来说,有可能并不是自然而然的事情。这时,要求自己或别人一定要怎么样,就有可能适得其反。有个朋友就曾说,本来我对我妈还好,但如果别人要求我要孝,我反而就有些别扭。如果我们心里对父母有很大的意见,又想要理顺和父母的关系的话,可能就需要多一些耐心,让自己有足够的时间来调整状态。

有位朋友在成长过程中,父亲对她的态度很严厉,没少打骂她,以致她成年后急于离开自己的家。下面是她通过深化对自己和父亲的理解,重新亲近父亲的故事。

在《我的父亲》一文中,她写道:

> 如果你看我的结婚录像,你会看到我出门那天身穿婚纱坐在床上,等待新郎时笑得合不拢嘴。你还会看到我母亲拉着我的手,泪眼婆娑地叮嘱我好好过日子时,我敷衍着点头答应,笑容里、眼神里充满了对离家的热望。结婚是我当时想到的最合理的离开父母的方式。为此,我曾同时谈了三场恋爱,只盼其中一人求婚,无论是谁,我便可速速答应,从此远离生我养我的家,远离我的父亲。

显然,她对父亲有很深的怨气,但表面上她却是个乖乖女。婚后,当父亲提出要和她一起住的时候,她违心地答应了。她在文章中描述了当时的情形:

> 婚后我过了一段轻松自在的日子,朋友说能看见我笑了,先生说我比以前活泼了,我还有了一个可爱的女儿。一天,我

接到父亲的电话,让我回家一趟。我回家后得知,他的住所面临拆迁,而他打算搬去与我同住,晴天霹雳可能就是这种感觉吧。多年的讨好习惯令我连略一沉吟都没有,便虚伪地答应道:"那太好了,您愿意来我这住是我的福气!我是您闺女,您不来我这,还想去哪儿呢?您这是愿意来,您不来我还得求您来呢。"父亲满意地笑了。虽然我嘴上这样讲,但心里却一百个不愿意。于是,我和父亲又住在了同一个屋檐下,而心里的距离却无比遥远。表现出来便是,除了出门前的道别和进门时的问候,我与父亲一句多余的话也没有。

这时,非暴力沟通的学习帮到了我。我有幸参加了阮老师主持的工作坊。在工作坊中,我第一次了解到原来除了一大堆想法外,我竟是个活生生、有感受、有需要的人。课上小组练习时,小组同伴听完我的小故事,把写有需要词语的卡片一张张递给我。其中一张就像有魔力,一看到它,我的手竟不由自主地发抖,眼泪也毫无心理准备地奔涌而下。同伴问我:"你是需要安全吗?"我哽咽得说不出一个"是"字,只有拼命点头。那张有魔力的卡片如火把一般点亮了我的心,电光火石之间,我似乎一下子明白了:多年来,自己到底在苦苦寻觅什么。

在工作坊,她获得了倾诉的机会以及对自己深深的理解,使她不再被动地任由内部情感摆布,而主动地去把握自己的生活。接着,她就试着运用工作坊里面所学的方法去体会她的父亲。她父亲喜欢在吃饭时听广播,边听边发表评论。

在广播报道一起烟花爆竹爆炸引起的桥梁坍塌事故时,父亲激动地说:"桥怎么通过验收的?违法运输车是怎么一路闯关过卡的?分别是谁的责任?查出来,严办!我就不信了!"我一边默默吃饭,一边在心里琢磨父亲的情感和心理需要。他是不是希望社会有秩序、人民的生命财产有保障?这样他会觉得安心、安全吧!父亲竟然也需要安全?!想到这里,我鼻子一酸,忙低下头假装专心吃饭,嗓子却哽咽着,什么也咽不下去,真没想到这个整天喝酒骂人的"恶魔"竟然和我一样,也有对安全的需要。第一次,父亲的形象在我心里生动了起来,我心里那块硬邦邦的地方竟升起了一缕柔情。我端着碗走进了厨房,草草收拾一番后返身进到卧房。关上门,我扑倒在床上,脸埋在被子里,心里酸楚又喜悦——为什么受了那么多年的苦才看到父亲的心?我终于看到父亲的心了!我任由泪水肆意横流。这是温暖且幸福的泪水,是父女之间心意相通的泪水。

虽然她把父亲看作"恶魔",却又渴望亲近父亲。这也许就是庄子所说的"子之爱亲,命也,不可解于心"吧。从那以后,虽然她和父亲的话仍然不多,但她继续在父亲讲话时留意他的情感和心理需要。直到大约半年后,终于有一天,她听到了父亲讲述他内心深处的苦与乐。

下午,父亲在用电脑玩"空当接龙",我没话找话地说:"爸,您玩'空当接龙'呢?"父亲看也没看我一眼:"滚,该干吗干吗去,别打扰我。"我的目的很明确,我要和父亲亲近,无论父亲说什么都不影响我的目的。我打定了主意,于是继续没话找话:"哦,您想一个人安安静静地玩一会儿啊?""那是。"父亲继续专心玩牌,我就在一旁安静观局。玩到关键处,父亲对我说:"你看着啊,我现在动一张牌,然后这一串牌就全上去了。"接着,父亲轻轻一点鼠标,一串扑克哗啦啦地回到了各自所属花色的位置。我看着得意的父亲,笑着问他:"哇,玩到这境界,您是怎么做到的?"父亲把头一扬说:"我已经玩了两千多局了,'空当接龙'你们谁也玩不过我。"就这样你一言,我一语,我和父亲聊起天来,聊着聊着就聊到了父亲小时候的经历。说到伤心处,父亲略一沉吟,清了清嗓子。我猜父亲可能想压抑情绪,但我更希望走进父亲心里,听父亲痛痛快快地吐一吐心里的苦与乐。于是,我沉下心来体会父亲的感受、父亲的需要,每句回应都紧贴着父亲的心理。父亲终于没忍住,嘴唇微抖,眼泪滚滚而下,有很长时间说不出一个字,只是哭,还不时从胸腔深处发出"唉"声。我从未见父亲如此哭过,也从未对父亲如此深刻地理解过。我拽过张垫子坐在父亲脚旁,握着父亲的手,静静地偎在父亲膝旁,心疼、感动且幸福。不知过了多久,父亲哭声弱了,紧握的手一点点放松了,又长叹了几声,身体也放松下来。虽然眼圈仍红着,但脸色明亮,脸上也有了笑容。我和父亲微笑对望着,很久没说一字,似乎不用再多说什么,又似乎都在享受这安静的甜蜜。我心里充满着和父亲情意相通的幸福感。那天下午我出门办事,走在街上心里敞亮、腰杆有力、脚步轻盈。从那以后,我和父亲的关系有了质的变化,我们彼此关心,并且有一种默契。

从那以后,她和父亲的关系发生了深刻而稳定的转变。在最近几年,通过对传统文化的学习,她开始能够欣赏父亲身上的一些优秀品质,比如说坚强、坚韧等,从而发自内心地敬重父亲。在最近的一次通话中,她问父亲有没有什么要嘱咐她的。父亲回答说:"没有。你们都大了,我老了。"她感到有些心酸。她说:"想起以前,父亲对我和哥哥从学习、生活到专业的选择,从恋爱、就业到育儿总有方方面面的要求,如今竟什么也没有了。"她居然反而开始留恋父亲的教诲了! 这对她来说是多么巨大的转变啊!

就这样,这位朋友一步步地贴近父亲的内心,从害怕、排斥父亲,变得亲近和关心父亲,最后父女都体会到了至深的父女之情。我相信,这位朋友能成功地做到这一点,和她最初得到一些朋友的倾听和陪伴是分不开的。朋友们的陪伴给了她温暖,也让她有了力量去重新亲近她的父亲。

爱父母,我们不仅需要照顾他们的生活,还需要照顾他们的心理。今天,我们许多人在与父母的相处上都遇到了困难。碰到这样的情况,我们要把自己的需要也纳入考虑,并给予自己必要的照顾。如果我们自己能够热爱生活了,就容易感恩父母对我们的抚育,以及理解、体谅和关心父母。

面对夫妻关系的挑战

在婚姻中,人们通常会渴望自己的爱人对自己有一份始终不渝的真感情。为此,在恋爱和结婚时,我们就要注意找一个真正爱自己的人。但仅仅如此,还是不够的,因为感情难免会有波折。我们还要有面对挑战的准备。

有位朋友谈到他在夫妻关系中的经历:

早晨和爱人视频聊天,她最近身体不太好,短时间内感冒了两次,一直咳嗽。以前每次听到她说这些,我就会生气,然后责怪她没有注意预防感冒,比如怪她保暖不力或个人防护不到位。尤其是在她要从老家回来和我团聚时,我就特别生气。我总会训斥她说,几个星期才回来一次,一回来就感冒。这次,我想到了爱的语言。

我:"你这次嘴上起泡,是不是又很担心,怕我怪你?"

爱人:"这次还好,不是很重,但以往重的话,我的确是很担心,也很生自己的气。"

我:"你为什么也生自己的气呢?"

爱人:"我也怕回去传染给你,还怕影响我们的感情。但我感冒,也不一定是我没保暖或者没做好防护,我也无法控制,我也不是故意的。"

我:"你挺委屈的,也很生气是吗?生病了得不到关心,反而被责怪,是我太缺乏爱心了。"

爱人:"唉,你就是这样的人。"

我:"你以后如果有委屈,说给我听好吗?我有时在情绪中,只考虑自己的需要和事情本身的对错,就忽略了你的感受。"

爱人:"我怕对牛弹琴。牛听不懂,白耽误功夫。"

我:"你怕我听不进去,也不懂你是吗?你不对牛弹琴,怎么知道牛不懂呢?万一牛懂一点呢?就算牛不懂,也可以发泄一下情绪啊。"

爱人笑了:"好了,牛,我知道了,下次不能憋着自己了,老是憋着气,就憋出了一身病。"

在这次聊天中,我努力运用我学的爱的语言的技巧,耐心地倾听爱人,并且表达我对她的关心。这对我来说并不容易。回想和爱人从谈恋爱到现在 25 年的时间里发生过的所有重大冲突,我发现都是因为一些小事,引发了我的粗暴的语言或行为。虽然最后爱人都做出了让步,但我没把自己给她造成的伤害放在心上。学习爱的语言后,有一天晚上,我把过去的一些冲突事件写下来,然后和爱人一起回顾这些经历。在我向她表达歉意时,她哭了,也表达了对我的同情和理解。她说我人不坏,只是一些习惯不好。听到爱人的诉说,我心里特别悔恨,我痛恨别人用粗暴的态度对待我,但我有时却很粗鲁,给爱人造成了很大的伤害。

我很高兴我转变了自己对待爱人的态度,并找到了新的方法来表达自己的关心。

夫妻两人难免会对有的事情看法不一致。在双方有分歧时,如果我们表达自己的方式,能够让对方体会到被尊重,就会有助于呵护双方的感情。如果我们习惯于以势压人,或得理不饶人,就容易伤感情,甚至会让婚姻产生信任危机。

如果在日复一日的摩擦下,我们觉得婚姻已经难以为继了,那么,我们可能就要考虑寻求外界的支持,来帮助自己调整状态,然后再看如何理性地处理双方的矛盾。有时,离婚可能是明智的,但根据我的经验,人们常常只是遇到暂时的困难,情况并没有那么糟。

下面是一位朋友谈她如何走出婚姻的困境。在谈到她在夫妻关系中遇到的挑战时,她这样写道:

孩子两岁时,先生因工作需要到了外地,我们过起了聚少离多、两地分居的日子。跟他电话时,我最烦的一句就是"早点睡吧"。

"你想我吗?"

"想,早点睡吧。"

"我今天拔了智齿,现在腮帮子都肿了,特别疼。"

"哦,那早点睡吧。"

"你在干吗呢?"

"打牌呢,你早点睡吧。"

每次放下电话,我都觉得挺失落,想说的没说出来,想听的也没听到。睡不着时,想着想着,还会流下眼泪。渐渐地,我不再主动打电话。我想或许他有时不方便接电话,于是就把自己的心情和关心的话语编辑成一段段文字,发短信给他。但许多次,短信就像石沉大海,激不起回复的浪花。有时,我沉不住气,问他:"你收到我给你发的短信了吗?"

"收到了,我都看了。"

"那你怎么不回呢?"

"你那个又没有具体的事儿。"

好挫败呀,我想和你谈心,想听你对我的思念,你却只想和我谈事儿,这短信发得真没意思。灰心之余,我也不再主动发短信。

这位女士与爱人两地分居,难免思念之苦。可是,她爱人却不太能够关心她情感的需要,这让她感到很灰心。幸运的是,后来她开始学习非暴力沟通,找到了一些可以陪伴和倾听自己的朋友。她说:

那时，我参加了阮老师的工作坊，结识了一些谈得来的朋友。特别是一位姐姐，我对她很信赖，有心事时，就和她打个电话聊一聊。姐姐会倾听我的诉说，帮我理解我抱怨的对象，有时也会给我出主意。每次电话后，我心里都觉得轻松、踏实、透亮。我心里很感谢姐姐，在她的陪伴下，我增加了对自己的接纳、对孩子的欣赏，以及对先生的理解。

然而，从先生那里无法得到自己想要的陪伴和体贴，始终是她的一个心结。这样的日子持续了好些年。后来，她意识到，既然想要把日子好好地过下去，就不要强人所难，而要尊重她先生的沟通习惯，同时多想想他的优点。她回忆说：

后来我又参加了工作坊，阮老师讲到的"常念一份情""爱一个人要考虑他的需要"等观点对我很有启发。我感觉自己有点过于执着于对先生的一些要求，以致对先生非但不是"常念一份情"，而是"常念一份怨"。比如，我问先生："你爱我吗？"先生回答得快了，我觉得他不走心；回答得慢了，我就说："这还用想吗？"反正无论先生怎么说，都能被我挑出错来。我好像把劲儿都用在了要求先生说我想听的，做我所喜欢的上面，而没有想想自己可以为先生做些什么，也很少想要感谢先生对家庭的贡献。

回到家，我从尊重先生的沟通方式开始，不绕弯子，多说具体的事情，没想到我们的交流反倒多了起来，而且感觉也挺轻松。同时，我也有意去多想想先生的好：家里有什么东西坏了，都是先生默默修好；我要出门，先生会帮我安排好机票和住宿；答应我和孩子的事从来没忘过……念着先生的好，我的心也变得柔和,我开始留意自己还可以为先生做些什么:他在电脑前久了颈椎不舒服,我就给他揉一揉肩颈;他晚上睡不好,我就在睡前帮他热一杯牛奶……

这样,我们的关系也就越来越亲密起来。先生这个人其实有许多的优点,勇于承担、事业心强,许多时候对我也很温柔、体贴。虽然他不太能够注意到我的一些细腻的感受,但如果我能在这一点上多体谅他,心里就会敞亮许多,也能更珍惜他的好。

这位朋友能够走出婚姻的困境和她得到陪伴和支持有关。在非暴力沟通学习伙伴的帮助下,她的情绪缓和了很多。这为她态度的转变创造了条件。在我们对别人有强烈的情绪时,通常很难做到"常念一份情"或接受"爱一个人要考虑他的需要"这样的建议。但当我们的心态变得平和后,可能就有意愿做出一些调整,来维护自己的婚姻。

婚姻的状况不仅和我们人生的幸福程度密切相关,还对孩子的生活有着重要的影响。而婚姻的品质是由双方共同决定的。为此,我们需要慎重选择自己结婚的对象。同时,我们还要注意呵护夫妻之间的感情,并在婚姻遇到挑战时,给予自己必要的照顾。

如何教育子女

传统主张对子女要慈。关于子女的教育,父母的慈表现在以下两个方面:一是,呵护子女的独立性;二是,给予子女必要的引导。

首先,要呵护子女的独立性。由于深爱子女,父母教育子女时容易着急上火,以致过于逼迫孩子,这无疑会让孩子感到压抑和痛苦。如果小时候的经历过于沉重,孩子在成年以后可能仍然难以释怀。所以,父母要学会克制自己的冲动,并注意改善自己的教育方法。

在这方面,西方的教育理念比较强调培养孩子的自主性,值得我们学习。在《曙光集》中,有一篇美国新闻记者比尔·莫耶斯对杨振宁的访问记录。在接受访问时,杨振宁谈到中国教育的长处:

我注意到当我的小孩还很小的时候,我常说:"也许你应该这样做。"他们回答:"不。我不想这样做。""为什么?""因为很闷。"东方的小孩没有这种因为闷所以不做的想法。社会的模式不一样,人的想法也不一样。因此,东方的小孩不需要先有满足感才开始做一件事。在美国,所有的小孩都想走捷径,都需要被说服。可是通常那是不可能的。

他认为,如果他的三个小孩在中国长大的话,他们会学到更多需要耐心才能掌握的东西,他们会愿意被训导。

但他同时认为中国教育存在弱点,他说:

我并不是说那样的体制对每一个小孩都有好处。另外一面是,接受东方教育的小孩倾向于比较胆小,他们会说:天啊,过去有这么多圣人做了这做了那,而我是谁?所以他们认为自己不能做出真正重要的事情。这种想法使得很多人后来不能跨越心理障碍做出重要的贡献。这一点在我们的研究生身上看得很清楚。从东方来的学生安静,愿意努力,他们成绩非常好,可是他们不善于做出有想象力的跳跃。

此外，他还谈到中美教育有这些差别的根源。他在谈论美国文化存在的问题时还讲道：

我们之前提到的一个问题是，小孩没有足够的耐心去学习。另一个现象是：有吸毒的问题，还有偷盗。例如，图书馆老是丢书。所有这些现象都跟美国的个人主义极有关系，最终认为个人是至高无上的。在中国，人们会说最终社会才是重要的，而不是个人。这种基本的价值观产生了两个社会一切的差异。

比尔·莫耶斯对杨振宁的这次访谈是在1988年。近三四十年，西方的教育理念对我们的社会也产生了深刻的影响。但杨振宁在这里谈到中国教育的优缺点在很大程度上仍然符合社会的现实。现在社会上流行的一些西方教育思潮，仍然值得我们学习。特别是，我们需要学习它们对孩子内心世界的关注，以及对孩子的自主性的重视。与此同时，我们也要注意它也存在局限性，不要把西方式的教育当作唯一正确的选择。

其次，要给予子女必要的引导。《大学》引用谚语："人莫知其子之恶。"这句话的意思是说，溺爱孩子的人看不到孩子的缺点。父母有时容易严厉地对待孩子，在另一些时候又容易溺爱和放任孩子。这都是人之常情。作为父母，我们要把慈爱和溺爱区分开来，该管的时候就要管。这样，我们才可以更好地培养孩子良好的品德和习惯。

下面是一个家长分享的育儿经历：

我是两个男孩的妈妈。以前，我很重视孩子的自由和个性发展,对他们的一些行为不知道要不要管,更不知道从何管起。因为我生怕给孩子带来压抑和束缚。比如,过去在冬天时,一进门,两个孩子身上的衣服和帽子能脱满沙发,甚至扔满地面。我也觉得乱,但是没有什么办法。后来,我学了《论语》等传统文化的内容,开始有意识地培养他们良好的生活习惯。比如说,《弟子规》讲到"置冠服,有定位",这句话对我很有启发。我买了个儿童衣架,并在大白板上郑重地写了那六个字。然后,他们天天看、天天执行,很快就改掉了乱扔衣服的习惯,而且出门不用问我衣服在哪里。

除了培养他们良好的生活习惯,我现在还特别重视教给他们处理人际关系的道理。有一天,我们带两个孩子去买菜。我们买了条鱼,孩子想要看杀鱼,但我老公着急买好东西回家。看他的表情,我就知道他已经累了。要是以前,我会要求他听从我的想法,一起等孩子。因为我想满足孩子的求知欲——孩子的注意力在这个事情上面,这个时候不要打扰孩子。现在我的做法就不一样了。我跟孩子说,我知道你们很想看杀鱼,不过爸爸已经累了,他想要赶紧买完东西回家,我们要先问一下爸爸。结果我老公同意了,他陪孩子看杀鱼,我去买剩下的东西,最后也没有耽误太多时间。我这样做是想培养孩子关心他人的习惯,特别是想要他们懂得尊重长辈,而不只是想着自己觉得有意思的事情。

下学期,我的大儿子就要上小学一年级了。看到他已经养成了不少好的生活习惯,也更加懂礼貌,我心里踏实了很多。我很庆幸自己从传统文化那里得到了启发,能够有效地去培养孩子良好的品德和习惯。

孩子在小的时候，其实也渴望得到成年人的引导。如果我们能够从孩子的需要出发来引导他们，孩子就会乐于接受。反之，如果我们不顾孩子的感受，孩子就会觉得压抑。所以，对于传统教育主张的这样那样的"规矩"，我们也要有自己的思考和选择，然后从孩子的实际情况出发，循序渐进地培养他们良好的品德和习惯。这样，就可以比较好地兼顾呵护孩子的独立性和引导孩子这两种需要。

总的来说，在教育子女时，父母的慈既体现为呵护孩子的独立性，也体现为给予孩子必要的引导。作为现代的家长，面对复杂多样的教育思潮，我们不妨博采众长，来更好地满足孩子的需要。

小结

处理好家庭关系，不同的人的需要可能是不同的。在处理家庭关系时，我们要根据自己的需要来采取相应的办法。

爱父母，就要考虑父母的心理。父母通常会渴望子女的陪伴，以及得到子女的敬重。如果我们难以敬重父母，我们可能就需要给自己一些空间，让自己有足够的时间来调整状态。

面对夫妻关系的挑战，离婚也许是明智的，但也可能是草率的。如果想要促进夫妻关系，我们就要注意呵护夫妻之间的感情，并给予自己必要的照顾。

关于子女的教育，父母要注意呵护子女的独立性并给予孩子必要的引导。作为现代家长，我们既要开阔视野，又要有所分辨、有所选择，来满足孩子成长的需要。

练习七：体会家人的愿望

孔子说："己所不欲，勿施于人。"人性是相通的。比如说，做父母的都不会希望子女不尊重自己。通过体会我们对子女、配偶和父母的期待，我们就可以加深对自己的父母、配偶和子女的理解。虽然他们期待的和我们期待的不会完全相同，但这么做，可以拓宽我们的思路，使我们可以更好地照顾自己的家人。

个人练习

练习内容：在下面表格空白处，写下你的思考。

对父母		
我不希望子女怎么对待我？	我希望子女怎么对待我？	我可以怎么对待父母？
对爱人		
我不希望爱人怎么对待我？	我希望爱人怎么对待我？	我可以怎么对待爱人？
对孩子		
我不希望父母怎么对待我？	我希望父母怎么对待我？	我可以怎么对待孩子？

练习提示： 最后一列写的是你认为你有所不足并准备好做调整的地方。

个人练习示范

对父母		
我不希望子女怎么对待我?	我希望子女怎么对待我?	我可以怎么对待父母?
• 不尊重 • 自行其是	• 尊重 • 听取意见	• 听取意见
对爱人		
我不希望爱人怎么对待我?	我希望爱人怎么对待我?	我可以怎么对待爱人?
• 不忠诚 • 不尊重 • 不体贴	• 忠诚 • 尊重 • 体贴	• 体贴
对孩子		
我不希望父母怎么对待我?	我希望父母怎么对待我?	我可以怎么对待孩子?
• 以势压人 • 唠唠叨叨	• 循循善诱 • 给予空间	• 循循善诱

团体练习

如果有条件团体学习的话,可以 3 人一组,按主题(如对父母)依次分享自己的思考。完成所有主题的分享后,每个人再谈谈自己的练习体会。

第九章 让工作更顺心

本章将探讨如何在工作中运用爱的语言,以减轻工作压力,并让工作更有成效。

职场压力管理

在工作中,我们常常需要面对多方面的压力,比如领导的要求、同事的催促、下级和合作伙伴的"不配合",等等。面对种种压力,我们可能就会脾气不好,或郁闷、压抑。这时,我们很需要找到简单的方法,来帮助自己减轻压力和处理好工作关系。

有位朋友谈到他主持部门会议的一次经历:

今天,是部门骨干会议,我是部门经理,主持会议。

"大家先谈谈近期工作情况,还有上次会议部署工作的落实情况。"

小王谈了会儿工作,最后隐晦地表达:"项目组对部门布置的相关工作态度不明确。"

对小王的困难,我是理解和同情的。我表扬了一下小王积极的态度,鼓励他"办法总比困难多",小王也表示将进一步开展工作。

到小陈了,他对上次会议相关决议提出疑问:"是否一定要这样?""是否有必要?""是否应该这样?"

问题不绝于耳,我心情更郁闷了,想着:"你早干啥了,上次会议不提,现在找到借口啦?"身体有点发紧,我点了一根烟。

小韩看了我一眼,接上小陈的话头,表示支持上次会议的决议,两人辩论开了。小纪、小王也掺和进来了,正方三人,反方一人。我没表态,放任了他们的讨论。小陈口才不错,一对三也侃侃而谈,理由一个接一个。

"这样的场景是我想要的吗?"看着有些混乱的会场,我脑袋里闪过一个念头。

我又点了一根烟……

"不,这不是我想要的!"

"那,我的需要是什么呢?""我需要尊重、方向感!"好像发紧的身体松弛了一些。

"先停一下!我想我们需要尊重上次会议的决议,这是我们共同讨论的成果。"小陈想插话,被我的手势挡住了,他的嘴唇喃喃动了几下。看着他的神情,我问自己:"他的需要是什么呢?他是否面临着某些不为我们所知的困难呢?"

我说道:"我也知道执行起来存在这样或者那样的困难,那大家想想,你们真正的需要是什么呢?"

大家高昂的头放下了一些,气氛好像缓和下来了。

"也许,你们需要部门对你们的支持,部门与项目组的沟通。"

"或者,是我们近期的目标过高?"

……

小陈:"近期的目标太高,能不能分步实施?先做……"

我:"我在乎的是方向,不能跑,走也行,大步走不了,小步走也行。"

小陈好像吐了口气。

"小陈,这样你觉得能推进了吗?"

他居然笑了:"可以,近期目标调低后应该可以,有什么情况再跟你汇报。"

"我还有个疑问,是不是一开始你就不反对上次会议决定要做的事,只是在你的工作范围内觉得进度安排过快?"

"是的。"

"谢谢你让我了解了你真正的困难。"

"有一点我再强调一下,对会议决议的尊重和沿着既定的方向前进,这对我很重要!"

"好吧,今天会议就到这。"

在工作不太顺心的时候,这位朋友把注意力放在了理解自己和同事的深层次愿望上,最后他找到了兼顾双方的愿望的方法。

还有个朋友谈到了她作为甲方和合作伙伴的一次冲突:

昨天下午跟印刷单位讲好了,今天上午他把资料送过来。上午一上班,我就在 QQ 上问他大概什么时候送到,还告诉他下午我们办公室就没人了。结果,对方向我发来了一段又一段的语音。他情绪很大:"说不准,也许下午,看情况。我们也是有很多事情要做的,不是只为你们这一个部门服务的。我们已经抓紧配合你们了。你们只考虑自己,说什么下午人不在了,就要我们上午送过去。从昨天下午到今天上午,就一直问我什么时候送、什么时候送……"

听了他的语音,我就火了,心想:"我才讲了两次,怎么就一直催了!"我感觉到自己有一股劲,想跟他掐上、对吵发泄一下。但这个时候,我想到,此刻我最主要的需要,就是让他及时在上午把资料送过来,而且,我还希望,大家以后还能有好的合作。于是,我就静下心来,想了想对方可能是什么情况,然后才给他回复:"你是不是有一种被我们逼迫的感觉,内心极不舒服?从你的语音中,我能感觉到你有很大的情绪。我希望我们之间的合作是愉快的。这件事主要是我的同事在沟通,具体细节和时间方面,我不是很清楚。昨天领导说他想看一下,考虑到下午我要休假回家,所以一上班就给你发了消息。没想到我的询问带给你一种逼迫的感觉,真是抱歉。"

后来,对方回复了一句:"我上午给你送过来。"结果不到一个小时,他就把资料送到了我的办公室。然后,他跟我说了很多,能感觉到他很动感情也很真诚。我也再次解释我们的情况,说明为什么一上班就催他。在这样的交流中,我们之间的距离瞬间就拉近了。

这位朋友在冲突中把注意力放在了自己的需要上,不仅克制了自己的冲动,还表达了对对方的尊重和体贴,最后使自己的工作得到了高效的支持。

面对工作压力时,我们可以像这两位朋友那样先体会一下对自己最重要的是什么,然后再把别人的行为背后的愿望也纳入考虑。这有助于我们提高工作效率和处理好工作关系。这样,我们的工作压力也会得以减轻。

读懂领导

在工作中，许多人会因为感到紧张或心存不满而无法客观地看待领导。在这种情况下，我们要学会体会领导话语背后的情感和深层次愿望。这会有助于我们更好地理解领导、评估自己与领导的关系，以及回应领导的需要和诉求。

下面是一位学校老师的经历：

做班主任后，由于经常接受学校安排的临时性工作，我被叫到校长办公室的次数也多了。刚开始去见校长时，我挺紧张的。她请我坐，我从不会一屁股踏踏实实地坐下去，而是就着沙发边坐下，然后挺着身子听校长说话。听清楚校长的要求后，我通常会连声答应着起身告辞，从不多做停留。从校长办公室出来，我还会长长地出一口气，才能略略地放松下来。

但是随着越来越熟练地把注意力放在她的情感和愿望上，我发现在校长办公室时，我渐渐地放松下来了。有一次，校长又叫我去她办公室，我放松地坐在了沙发上，提醒自己要自如地和校长谈话。

校长："李老师，最近忙不忙，家里还好吧？"

我："还行。"

校长："找你来是有这么个事，下周学校有个大型活动，想找两个学生做主持。上次你们班的班会办得特别好，所以这次想请你从班里选两个学生培训一下。"

我:"好的。"

校长:"唉,以前这些都是我自己做,不愿意麻烦老师们,现在真是忙不过来了。"

我:"嗯,您现在特别需要支持。"

校长:"对。张老师刚调走,他团委的工作还没人接,我就暂时接过来了。这几天团委这摊事还没理顺呢,下周区里又要来检查。"

我:"嗯,工作多,时间紧,还是蛮有压力的。"

校长:"是呀。说起来……"

我适时反馈她的情感和愿望,她竟越说越多。除了要交代给我的工作,她还说了她参加工作以来的困难、她现在的愿景、她付出的努力等。后来,她好像突然想起她校长的身份,正了正身体,清了清嗓子,恢复了客气的表情,很快结束了谈话。离开校长办公室时,我特意体会了一下,我的身体基本上还是放松的。我发现当我把注意力放在体会校长的情感和愿望上时,我不再心存畏惧,而是很想去关心和支持她。

还有一位在国企工作的朋友谈到她和领导的互动:

一年前,因工作需要,我被调整到一个部门担任办公室主任。到位后一个月,我通过观察和谈话,感觉员工和领导之间的气氛有些紧张。领导对员工的工作状态不太满意,而员工又抱怨领导要求太高,安排的事情太多。

有一天,在用微信给领导汇报工作后,我给他提了一些建议。我和他说:"建议多倾听员工。有员工反映,跟您汇报时,因为您说话快,讲效率,总想快速说服人,员工不太有机会表达自己。如果您能够多听听员工讲自己的思路,就会促进他们去思考,增强他们的主人翁意识。被别人盯着在深层焦虑下做事,和自己要做事,动力和成就感是很不一样的。"我还说:"建议做些减法。您是创意喷发型,高瞻远瞩,点子非常多非常好,但每一个落地都需要精力和时间。有人说:领导布置的事,先缓一缓,不要急着做,也许过两天又换新点子了。还有的人来不及完成,就应付一下。看是否精选几件,做深做透做闭环。"

很快,我就收到领导的回复:"收到,一定认真看,主动克服缺点。"

我回复说:"不好意思,我说话直接,没有冒犯的意思,是想让您听听平时听不到的话。"

领导回复:"明白!其实我还是很想听到不同声音的。"

我回复:"嗯嗯,愿意听不同的声音,说明您胸怀宽广。这样,别人才敢说。另外,我经验不足,做得不得体、不到位的地方,也请您及时提出来。我很需要您的指点和帮助。"

因为这位领导对我非常信任,而且他很真诚、直爽,所以我才敢直接说。不久后,领导真的有所调整,还让我经常提醒他。后来,我们合作得非常愉快和默契。

这位领导给一些员工的印象是做事有点急躁、霸道,但这位朋友却认为领导气量还是很大的,只是急着把事情办好。于是,她直率地向领导表达她的看法,结果证明她的判断是正确的。

面对领导时,许多人难免会有点紧张或有别的情绪,而难以客观地认识和对待领导。如果遇到这样的困难,我们可以提醒自己多关注领导的情感和深层次愿望,让自己可以更加客观地处理与领导的关系。

既自主,又团结

在工作中,每个部门都是对上级负责,对工作有各自的安排。一个部门迫切希望得到配合的事情,未必是另一个部门想要优先解决的事情。这样,为了争取资源和维护自己,部门之间容易互相批评、指责。

面对这个矛盾,首先,要明确我们是对上级负责。我们可以把其他部门的诉求纳入考虑,但最终决定本部门工作优先顺序的,是上级的要求。这样,我们的工作目标有时难免就会与其他部门的期待存在落差。如果想明白这一点,我们就能较为坦然地面对其他部门的要求。如果他们的要求符合本部门的任务目标,我们就可以反省和调整自己手头的工作;如果他们的要求与本部门的任务相冲突了,我们就可以考虑给予适当的解释。总的来说,面对其他部门的要求,要坚持以我为主。

其次,要注意维护部门之间的团结。部门之间积极合作,对彼此顺利开展工作很重要。为了做到这一点,我们就要学会从其他部门的角度来考虑问题。工作中,各部门的压力往往都很大,都很渴望自己可以得到理解和支持,同时也容易对其他部门产生成见和不满。这个时候,如果要让他们从我们的角度看问题,就要注意理解和关心他们的需要。

有个朋友分享了她解决和其他部门冲突的一次经历:

参加工作坊活动后上班第一天,我看到邮箱里有封来自公司运维部的邮件。邮件通知我,上个月,我部门所负责的障碍处理有超时情况,要被通报批评和扣罚。看到邮件的瞬间,我感到很意外,同时又生气又委屈。我们的工作一直都很到位,各位同事为此也很辛苦,怎么突然就被通知要受通报批评,还要扣罚呢?

当时,我对周末学习的"如何表达对他人的理解"以及"提出自己的请求"还记得比较清晰。于是,我尝试着用学习到的方法,体会运维部同事的处境、困难,表达了对运维部的理解,同时也表达了自己的困惑不解。很快对方回信了,意外的是,运维部同事主动表达了对我部门的感激,解答了我的困惑,并主动提出解决方案,免除了对我部门的扣罚。

想到以前遇到此类事情,沟通通常很困难。为了各自部门的管理需要,双方往往坚持自己的立场,互不让步。而这次,我只是表达了对对方的理解,就获得了对方的主动支持,真的让我感到很欣喜。

不同部门之间的冲突往往只是为了做好本职工作,而不是一定要把对方怎么样。在发生冲突时,如果我们觉得自己占理,也不必得理不饶人,一定要对方认错改过。一旦引发不必要的争执,就会降低工作效率。我们可以多一些理解和正面沟通,来友好地解决冲突。如果对方坚持不让步,我们仍然可以据理力争。

每个部门做好本职工作,不同部门之间密切配合,对组织的生存和发展至关重要。在处理不同部门之间的关系时,我们要立足于做好本职工作,同时又要注意维护团结。

如何做好思想工作

一旦我们走上管理岗位，有时就要做员工的思想工作。在做思想工作时，如果员工把注意力放在维护他的观点和立场上，就很难客观地看待我们所要传递的观点。遇到这样的情况，我们可以考虑先认真地聆听他的观点，并关注他的观点背后的情感和愿望。

有位朋友是一个公司的领导，他谈到他调解两个部门负责人之间冲突的故事：

不久前，因为某项工作的配合出现问题，甲部门负责人老李在公司工作群中辱骂乙部门负责人小林。小林亲自到公安机关报警，要求老李当面道歉，并要求给予老李行政拘留处理。在公司领导要求下，老李在公司工作群做了书面道歉，后来又两次当面向小林道歉，但是小林不仅拒绝老李各种形式的道歉，还要求党组织给予老李党纪处分。此外，他还向集团党委巡察组反映了这个事情，集团党委要求我公司迅速拿出处理意见。

面对上级交办的任务，作为班子的主要成员之一，我开始时有一定的逃避心理和畏难情绪，生怕处理不善导致局面失控。因为李、林二人积怨较深，公司里个别人看热闹不怕事儿大，煽风点火，唯恐天下不乱，局面较为复杂。但考虑到自己的职责，逃是逃不掉的，我只好硬着头皮上阵了。

对于这个事情的处理，我的主张是老李有错在先，应当提高认识,同时双方都要多做自我批评,以团结为重,以大局为重。我的这个主张,得到了班子其他成员的认可。然后,班子的成员分别找李、林二人谈话,以及找其他知情人员了解情况。鉴于小林是矛盾的主要方面,我把工作重点放在他的身上,一共和他谈了三次。

在谈话的过程中,我始终把关注小林的情绪作为重点,对情绪不否定,不排斥。在某次谈话时,小林的表情非常严峻,面部肌肉紧绷,说话的节奏也特别快。当他谈到他所在的部门承担了很多别的部门的工作任务,而且工作要求又特别高的时候,他的情绪非常激动。结合他在工作和生活当中的一贯表现,我猜他很看重自己工作和努力的价值,注重自身形象的完美。这时,我就试着对他说:"你是不是特别希望得到领导的肯定,还有其他同事的欣赏,不能容忍自己出错,不能容忍自己做得不够优秀?"小林连连点头说"是的",脸上还出现了一点点笑容。通过这样的倾听和陪伴,我给了小林许多诉说的机会。同时,我也注意从思想上引导他。我真诚地帮助他分析形势和利弊,协助他作出对他自己最有利的选择。

但由于双方的矛盾非常复杂,他不时地会提出新的问题,或把说过的事情又拿出来重新强调一遍,这对我的耐心和体力都是很大的挑战。但我知道不能感情用事,为了顺利解决问题和帮助年轻的同志,我坚持宁愿谈话没成果也不压服的原则。在实在谈不下去的时候,我提醒自己要记着照顾自己的情绪和需要,于是就暂停谈话。

就这样,几次谈话后,小林的态度终于发生了明显的转变。小林表示,自己对这件事情也有责任——他不仅没有主动配合老李,还有意地给老李设置障碍。最后,小林表示他不再要求组织处分老李,用小林自己的话说,"想通了"。

这个事件能够得到圆满解决,有主客观多种因素。首先,主要是依靠公司领导班子的集体力量,班子成员各自发挥了积极作用。其次,小林思想素质较高,能接受组织的教育引导。最后,我克服了自己过去容易急躁的毛病,同时运用了一些沟通技巧,对于促成小林思想转变起到了积极作用。

讲故事的这位公司领导是我很多年的朋友。他先是向我学习非暴力沟通,后来又参加爱的语言的学习。在我的印象中,他是一个比较容易激动的人。就像他自己总结的,在这次做思想工作的时候,他能够把小林说通了,和他能够耐心倾听小林的抱怨有很大的关系。

有的时候,在情绪中,我们可能就会坚持自己不合理的观点和要求。这也是我们做思想工作尤其需要注意的地方。说服需要条件,我们需要创造相应的条件让对方能够冷静地听我们讲。否则,只能是压服,那么,思想工作也就没有真正起到作用。

小结

面对职场压力,我们可以考虑关注自己和同事(或合作伙伴)的深层次愿望。通过提高工作效率和处理好工作关系,我们可以减轻自己的工作压力。

面对领导时,许多人难免会有点紧张或有别的情绪,而难以客观地认识和对待领导。为了解决这个问题，我们可以提醒自己多关注领导的情感和深层次愿望。

在处理与其他部门的冲突时，我们既要以我为主，又要努力搞好团结。我们要明确，本部门的工作安排要以上级的要求为准，并能坦然面对和其他部门之间的冲突。同时，我们又要能够从其他部门的角度考虑问题，善于沟通协作，争取其他部门的理解和支持。

想要做好下级的思想工作，我们就要关注他们的情感和真实的想法。在做思想工作时，要注意耐心聆听，为对方静下来听我们讲自己的观点创造条件。

练习八：体会同事的愿望

通过体会对下级、平级和上级的期待，我们就可以更好地理解和支持我们的上级、平级和下级。

个人练习

在下面表格空白处，写下你的思考。

对上级		
我不希望下级怎么对待我？	我希望下级怎么对待我？	我可以怎么对待上级？

续表

对平级		
我不希望平级的同事怎么对待我?	我希望他们怎么对待我?	我可以怎么对待他们?

对下级		
我不希望上级怎么对待我?	我希望上级怎么对待我?	我可以怎么对待下级?

练习提示： 最后一列写的是你认为你有所不足并准备好做调整的地方。

个人练习示范

对上级		
我不希望下级怎么对待我?	我希望下级怎么对待我?	我可以怎么对待上级?
・没有担当 ・阿谀奉承 ・阳奉阴违 ・搞小圈子	・勇于担当 ・专心做事 ・有话敢说 ・服从大局、团结互助	尊重和支持

续表

对平级		
我不希望平级的同事怎么对待我?	我希望他们怎么对待我?	我可以怎么对待他们?
• 不考虑和积极回应我部门的需求 • 就知道催 • 打小报告	• 有大局意识、乐于协助 • 知道每个部门有其优先事项,多体谅 • 多理解、多肯定、有事正面沟通	既自主,又团结
对下级		
我不希望上级怎么对待我?	我希望上级怎么对待我?	我可以怎么对待下级?
• 不在意我的感受 • 独断专行 • 看不到我的长处和成绩	• 以礼相待 • 愿意倾听不同意见或具体困难 • 愿意肯定我、支持我、培养我	要爱护,要提携

团体练习

如果有条件团体学习的话,可以 3 人一组,按主题(如对上级)依次分享自己的思考。完成所有主题的分享后,每个人再谈谈自己的练习体会。

第十章 处理与他人的冲突

在生活中，我们不可避免地会与人发生冲突。既然冲突无法避免，那我们就要学会处理冲突，而不能一味地回避冲突或意气用事激化矛盾。本章将介绍处理与他人冲突时需要注意的几个关键点。

确立沟通目标

在与他人发生冲突时，我们需要从我们的实际需要出发来确立目标。这样，我们就不容易情绪化，而可以更理性地处理矛盾。

有位朋友谈到他和孩子一次失败的沟通经历：

在孩子的成长过程中，我一直非常重视培养他正确的三观。近些年，随着孩子逐渐成熟和步入社会，他对一些问题有了自己的见解，有时我跟他沟通起来感到比较吃力。

有一天，他从学校回来，我与他闲聊。聊到对未来的设想时，他说他要成为律师事务所的主任，住豪宅开豪车，广交朋友，别人办不了的事，他也能轻松摆平。听到他这样讲，我感到有些担心，忍不住对他说："你这是个人主义思想。"当时，由于还有其他事情，聊天没有继续下去。但后来我再找他谈这个事情，他却什么也不愿意说了。

回顾这次经历,我感到有些遗憾。由于急于改变他的想法,我有些武断地给他扣上了大帽子,而没有好好地体会他为什么有这样的想法。看来在以后的交流中,我要经常提醒自己注意保持平和的心态,多倾听,多一些耐心和包容。

这位朋友还谈到他比较得意的一次沟通经历:

孩子长大了,如何与异性交往成了我和他的主要话题,看得出来他有一些烦恼。

儿子:"她最近也不搭理我呀……"

我:"哦,是吗?怎么个不搭理法?"

儿子:"不跟我私聊,朋友圈不给我点赞……"

我:"是吗?是不是她在忙什么事情,没空啊?"

儿子:"给别人都点赞,偏偏越过我,就是不给我点赞。"

我:"哦,是这样啊。"

儿子:"啥意思呢,唉,整不明白。"

我:"看起来你有点儿苦恼啊,这事是不太好整。"

儿子(面色凝重,长吁短叹):"怎么回事呢?"

我沉默了一会,然后说:"要不,你直接问问她。"

儿子:"我再想想。"

我:"我可以说说我的想法吗?"

儿子:"你说。"

我:"第一,我觉得你的恋爱观不太正确。你其实是想通过找到一个各方面都很优秀的女朋友来显示自己很优秀,并不是真正需要一个女朋友的陪伴。第二,回顾你这几年与几个女同学交往的经历,我觉得你的状态不太适合谈恋爱。目前你的学习压力也不小,我觉得你应该把主要精力放在学习和养成良好的生活习惯上。"

听了我的话,儿子沉默了。

我:"如果不做些改变的话,你学习学不好,恋爱也谈不好,你觉得呢?"

儿子:"嗯,那我就跟她拜拜。"

我:"不是建议你跟她一刀两断,而是你要不要试一下,先冷处理一个时期,比如说一个月内不主动联系她,观察一下再说。"

儿子(语调轻快):"嗯,好的,好的。"

孩子在遇到困难时,也是渴望得到外界的指导的。我这次谈话做得比较好的地方是等他想要听我意见了才发表意见。

这位朋友和孩子保持了很好的联系。我请他谈谈是怎么做到的。他说他教育孩子总的指导思想是宁可放开些,也不愿孩子过于压抑。他还给我举了上面这两个例子。他说当自己不认同孩子的一些做法时,有时心里挺着急的,但为了孩子有话愿意说以及达到良好的沟通效果,他就提醒自己在沟通中保持耐心。

在处理冲突时,我们要注意明确自己的沟通目标。这样,我们就可以有意识地调整心态和运用技巧。

了解双方的情况

有的时候,只要通过运用四要素来了解双方的情况,矛盾就可以得到解决。下面是一位工作坊学员分享的爱的语言练习。这个练习请学员回想一次与他人的冲突,然后描述事实,体会自己的情感和愿望,以及猜测对方的情感和愿望。此外,还请学员在体会双方的愿望时,考虑一下是否还有更深层的愿望。

我观察到的事实:昨天早上帮朋友送孩子去学校,但因为一些突发状况,我上班差点迟到。我抱怨朋友事先没有把事情安排好。
我的情感:烦躁、恼火。
我的愿望:效率。
我更深层的愿望:尊重、关心。
对方的情感:内疚、不好意思。
对方的愿望:原谅、包容。
对方更深层的愿望:友谊。

在做练习之前,这位女士把注意力放在了自己的朋友有什么不对上。当她体会到自己需要尊重、关心,以及朋友对她们的友谊的重视时,她的心情就平和了许多。因为她认为这个事情只是朋友一时的疏忽。这样,双方的矛盾也就得到了解决。
处理与他人的冲突,我们不仅需要关注自己的处境,还要考虑他人的处境。通过运用四要素理解自己、理解他人,有时矛盾会很容易得到解决。

遵循沟通规律

并不是在所有的冲突中,我们都会看重双方的和谐。但如果我们想要实现和谐的关系,就要遵循沟通规律:爱和敬,对一个融洽的关系来说缺一不可。如果我们爱一个人却不尊重他的意见,那被爱的人就会感到压抑;如果我们对一个人敬而远之,那彼此的关系也就缺少温度。所以,在与人发生冲突时,为了实现和谐的关系,我们不仅需要了解双方的情况,还要关注自己的心态。

有位朋友谈到她处理夫妻关系矛盾的经历:

先生要外出学习好几个月,孩子知道后,非常不舍。晚上,孩子睡着后,我和先生有了下面的对话。

先生:"小宝说生日爸爸都不在,想买一个电话手表。"

我:"她现在这个手表好好的,还没用一年,这么贵的东西怎么说买就买呢?"

先生:"我也没有答应她。"

我:"平常,她也是常常吵着要你买东西,因为你总是答应她。"

先生:"我给她买的这些东西,像牛奶、榴梿饼,都是家里平常可以吃的。像积木,她喜欢,买点也是可以的。"

我:"我不反对你买这些东西,我只是希望你能够顶住,不要事事都答应。"

随后,我去做别的事情。我突然想到这是多好的练习机会,为什么不抓住呢?我心里暗暗有了主意。

做完事情后,我拿着《爱的语言》坐到先生身边,我和他说:"我这段时间晚上上课学的是爱的语言,里面讲了四要素……"

先生:"沟通确实很重要。"

我:"学习爱的语言,每次课都有课后练习,我发现我刚才没做好,我想重新练习一次,可以吗?"

先生(有点懵):"……"

我:"就是把刚才你跟我讲的小宝要买东西的事情再讲一遍。"

先生:"我不在家的时候,你可以给小宝报个羽毛球班。她同学在学,她总是说怕打不赢他们。这个钱不要省,你也不用那么辛苦,爷爷奶奶的教育观念和我们不一样,小宝有抵触。"

我:"你是不是有些担心?"

没想到说完这句话后,先生没有做声。他努力让自己平静下来,带着哽咽的声音说:"你工作又忙,爷爷奶奶能帮到就好,但教育理念不一样,不能用老的方式管孩子。"

我边听边握住他的手说:"你是不是也有些心疼孩子?你希望小宝可以和爷爷奶奶相处好,我可以更省心,对吗?"

先生(没有正面回应):"有些钱不要省,该买就买……"

我:"我会的,你放心!"

我没有想到一句"你是不是有些担心"会带给先生如此大的触动。也许这是由于以前我把注意力都放在了按自己认为正确的方式教育孩子上面,忽视了先生的感受。看到先生如此感动后,我终于意识到了他真的很想表达对孩子的爱,以及他一直以来对我的包容和忍让。这深深地打动了我,使我不再坚持自己原来的意见。这次谈话后,我感觉我和先生都放松了许多,又找到了情意相通的感觉。

这位太太很看重培养孩子节俭的习惯,但她体会到先生的心情后,把自己原本想要坚持的想法放下了。这让先生体会到了温暖,也让他们的关系更加亲密。

在冲突中,如果我们一味地强调自己的立场,可能就会让彼此渐行渐远。反之,如果我们把对方的情感和愿望放在心上,表达对对方的爱与敬,冲突反而会成为我们深化关系的契机。

调整沟通心态

在冲突中,我们容易心存不满,甚至夸大别人的问题。这时,为了实现和谐的关系,我们要注意调整沟通心态,特别是要做到"严于律己,宽以待人"。我们都熟悉"严于律己,宽以待人"这八个字,但常常把它看作是外界对我们的逼迫而排斥它。事实上,我们可以把它看作是一种待人以爱以敬的方法。如果事情不顺心,我们注意反省自己的不足,同时又体谅别人的难处,那彼此就容易互相亲近。

下面是"严于律己,宽以待人"帮助我打开一个心结的故事:

在我上小学的时候,有一天有位老师在课堂上批评我说:"你看你多骄傲。尾巴翘起来,捅破一重天,两重天,一直到九重天。"成年以后,我常常想起中小学老师对我的帮助,有时也会想起这件事情。这是一件很小的事情,但想到这个事情时,就像万里晴空中,突然飘来了一朵浓密的乌云。后来,我试着去理解自己情感背后的愿望,我和自己说:"我需要包容、接纳……"但这非但没有什么帮助,还会让我多了点郁闷。学习传统文化后,我对"严于律己,宽以待人"这八个字有了新的感觉。对我来说,它并不是对己严,对人松,如果那样想的话,我就会变得骄傲,骄傲怎么能团结人呢?它是真诚地去看自己做得不够的地方,以及体谅别人的困难。带着这样的心态,我再去观察这朵乌云时,发现它居然立马就消散了。因为我突然想到老师那样批评我,一定是我做了什么,影响课堂秩序了。当我把注意力放在老师的无奈和需要上时,我就不再强人所难,要求他包容、接纳当时的我了。不仅如此,我还觉得有些抱歉。于是,对这件事情,我也就释然了,就这么简单。而这段经历也让我深刻地体会到"严于律己,宽以待人"对调整心态和改善关系的意义。

还有个朋友在回顾自己成长的经历时说:

那时,孩子身体不好,我对她的要求不那么严。但姥姥疼爱孙女,总希望孩子更好,忍不住地唠叨,希望孩子做些调整,比如多运动、早休息等。可是,孩子有自己的规律和习惯,唠叨听多了,就会有些烦躁,容易和姥姥发生冲突。这时,姥姥就会怪我把孩子惯坏了。当我要求孩子对姥姥要有礼貌时,孩子也跟我顶撞,认为自己没错,是姥姥多管闲事。这样的状况不时发生,让我觉得很头痛。

后来,"严于律己,宽以待人"这句话给我打开了一扇窗子。我发现虽然我对母亲说话比较温和,但心里并不是那么尊重她。这也影响了孩子。意识到这一点后,在很长的一段时间,我不再要求孩子,而把重心放在端正自己对待母亲的态度上。同时,我也和孩子聊自己作为女儿的不足以及希望如何对待母亲,并尽可能地说到做到。此外,我还向母亲表达了对她的理解和感谢,希望她能够相信我和孩子能照顾好自己。

一段时间后,我发现女儿对待姥姥的态度也有转变了。她不再和姥姥对抗,而姥姥对她的唠叨也减少了。在我出差在外的时候,女儿还会带着姥姥和姥爷去饭店吃饭,像我一样地照顾他们。这样的结果让我很欣慰,也让我觉得自己学习的方向是正确的。

在一个关系中,如果双方都倾向于维护自己的话,就容易形成对立。处理与他人的矛盾,我们要注意待人以爱以敬,特别是"严于律己,宽以待人"。这样,就会有助于双方实现和谐的关系。

让自己得到关心

有时,由于对他人有很大的意见,即使我们理性上想要待人以爱以敬,情绪上也拐不过弯来。这个时候,如果我们有机会抒发自己并得到适当的关心,就会有助于我们变得平和、理性。然后,我们可以再看如何建设性地解决问题。

下面是一位朋友参加工作坊练习后写的反馈。我将结合她的经历来说明这一点。【】内的文字是我的点评。

前进一小步,改变受用一生!

很幸运,工作坊中我参与的最后一个完整的沟通练习由阮老师亲自带领完成。准备时就期待这将是一次难得的疗愈机会，而事实亦是如此！这个案例是我对小姑子的一个心结，在阮老师的倾听和带领下，完成了"自由表达—事实—心情—愿望—请求—诚恳表达/关切倾听"的系统练习后，我对这件事的态度轻松了很多，也理性了很多。这种理性的理解并非对自己的压抑或说教，而是真正的感同身受！下面就说说我练习的过程以及相应的体会和感受。

在我面前的地上，由近及远、纵向排列了"自由表达""事实""心情""愿望""请求""诚恳表达"提示卡（在我看来，这些卡片更像是一个个台阶）；在我旁边，是阮老师的指导和倾听；在我对面（比最后一张卡片远一些的位置），是同学扮演的小姑子（在自由表达时，可根据自己倾诉的需要请同学扮演小姑子或朋友。我选了小姑子，因为内心曾无数次想和她当面"捌明白"这件事）。

步骤1：自由表达

（此刻，我有充分的时间、足够安全的空间来向面前的"小姑子"表达我想说的话、我想释放的情绪）

"你怎么那么没良心！自从我进这个家门，我哪里亏待过你？！我出差买礼物哪次落下了你？我想的做的远比你哥哥多得多，我惦记你远比惦记我自己的亲弟弟多得多！我对你问心无愧！你凭什么在我最痛苦、最无助、最需要帮助的时候，往我伤口上撒盐？！为什么要在朋友圈公开发表那样的话？！你说：'别人全心全意对待你还不满足，知足常乐吧！'对我有意见你可以直接和我说，发在朋友圈含沙射影算什么？！……"

"爸妈给我带大宝五年,我不希望和他们搞得没有余地,但我又无力靠自己走出来!我希望能有人帮帮我,从这种痛苦的状态中拉我一把!但你又搅了进来!你非但没有和我说句安慰的话,还在朋友圈说那样刺激我的话!你非但没有帮忙缓和我和爸妈的关系,反而让我们的关系雪上加霜!"

"妹妹,我和你哥结婚十年,在那件事之前,我从来没有想过和你的关系会出问题。但那之后,我每次想起都不舒服!现在,我对你已经做不到像从前那样发自内心地关照了。"

(这事发生一年多了,本以为重新提起仅仅是会有些不舒服,但没想到情绪会如此强烈!一开口,就是哭诉。随心所欲的倾诉让久压在心中的情绪随之渐渐散去,我的心情慢慢平复下来。练习进入下一步)

【点评 愤怒压在心里会给我们很大的压力。有适当的机会表达,可以缓和情绪,也可以帮助我们更好地体会自己。】

步骤2:事实

(前进至"事实"卡片处)

阮老师:"事实上发生了什么?"(什么事情引发了你如此强烈的情绪?)

我:"小姑子在朋友圈公开发布了一段话:'别人全心全意对待你还不满足,知足常乐吧!'我认为她是在说我。"

【点评 当我们有强烈情绪时,我们容易卷入自己对他人的意见中。平静下来后,就较容易关注事实本身,让自己变得客观一些。】

步骤 3：心情

（前进至"心情"卡片处）

阮老师："看到这句话时，你是什么心情和感受？"

我："我感觉伤心、痛苦、愤怒。"

阮老师："你当时哪种感受最强烈？"

我："看到那句话的那一刻，我的火腾地就起来了，最强烈的感受应该是愤怒！"

【点评　关注我们的心情，了解我们对事情的反应。】

步骤 4：愿望

（继续向前一步至"愿望"卡片处）

阮老师："当时你最需要的是什么？或者说你最看重的是什么？"

我："我看重亲情，我需要亲人的关心，我需要被亲人理解、接纳，我希望身边的人不要被我的情绪裹挟进来，我需要一个安全的环境释放自己的情绪。"

【点评　通过关注情绪，了解自己渴望什么以及渴望的强烈程度。】

步骤 5：请求

（迈进到"请求"卡片处）

阮老师："现在，你对小姑子有什么请求？"

我："我希望她能给予我关心，不要在朋友圈发那样的话刺激我。"

阮老师："是不是希望小姑子能理解你、关心你？哪怕这些都做不到,起码不要做那样的事,是吗?"

我:"是的。"

【点评　了解我们对具体的人的期待。这并不是说,我们要去满足自己的期待,而是去看到我们想要得到别人怎样的对待。】

步骤6:诚恳表达/关切倾听

(1)诚恳表达自己

面对面前的"小姑子",我对她说:"妹妹,我不希望我们之间的关系出现裂痕,你如果对我有什么意见或想法可以直接找我聊。"

(我和"小姑子"表达之后,"小姑子"仍然体会到被指责的感受。阮老师提示,针对本例,和"小姑子"任何形式的"诚恳表达"都有可能成为"翻旧账"和指责,并不利于双方的建设性沟通。此时,阮老师在"请求"与"诚恳表达"之间加入了"关切倾听"卡片。在内心关切倾听"小姑子",尝试去理解她,将会更有利于化解我的心结)

(2)关切倾听对方

放下我内心对她的成见,体会"小姑子"当时关注的事实、她的心情、愿望和请求。

事实:公婆告诉她,我不理他们。

心情:她很生气,心疼她的爸妈。

愿望:她需要爸妈被尊重、开心。

请求:希望我和爸妈的关系更和谐。

(尝试体会小姑子当时的心情,也更能理解她那样做的动机了)

【点评　她对小姑子感到不满的主要原因是,觉得自己对小姑子特别好,而小姑子在自己困难的时候非但没有帮自己,反而指责自己。在这一部分,我主要帮助她理解:不论她和小姑子的关系曾经多么好,从情感上,小姑子自然地还是会偏向父母那一边。这是人之常情。】

练习后的感悟:

1. 情绪能量的顺畅流动非常重要。倾听自己时,通过自由表达环节,我将耿耿于怀很久的话和情绪顺畅放空。情绪逐渐平复,大脑才可以开始理性地思考。这一步非常重要也非常必要!

2. 倾听伙伴的用心回应让我很安心。自由表达环节,阮老师给予适当的反馈,让我感觉:我是被看见的;我在这里是安全的;我可以没有任何负担地说任何我想说的,同时又不会伤害到身边的人;我无须担心自己的情绪被堵回来。

3. 这个练习的过程是建设性的。恢复理性后,梳理"事实—心情—愿望—请求"的过程,尊重了事实、尊重了自己,并有助于建设性地满足自己的需求。如果在情绪释放之后,没有进一步思考,仅仅停留在"自由表达"阶段裹足不前,那么就很可能陷入"抱怨—自责—再抱怨—再自责"的坑里。前进一小步,改变受用一生!

4. 用倾听自己的方式去倾听他人。换位思考,能让自己跳出来站在更高的位置去看待人和事,自己内心的冲突量级会大大降低。但这需要一定的能量前提。

【点评 在整个练习过程中,我们先运用四要素帮助她体会自己。需要注意的是,第一步的"自由表达",我们也是在关注事实:我们内心的真实想法。第二步的"事实",在这里特指具体发生了什么事情。这两个部分加在一起构成了爱的语言的第一个要素所指的"事实"：发生了什么事情以及我们的真实想法。第三步的"心情"，对应的是第二个要素：情感。第四步的"愿望"和第五步的"请求"，则对应的是第三个和第四个要素：愿望和请求。通过运用四要素体会自己，这位朋友变得平和，并把注意力从抱怨转向了她内心的渴望：亲情。这就为她接下来冷静地分析和解决问题创造了条件。

然后，在第六步的"诚恳表达/关切倾听"中，我们帮助她体会表达的影响以及小姑子的心理。在这一步，我围绕如何实现她的愿望来分析问题：表达自己的请求是无效的，想要实现和谐，我们需要多体谅小姑子的难处，而不用对小姑子有什么要求。这为她提供了解决问题的思路。她很快就调整了自己的心态，使这个困扰她很久的问题得到了有效解决。】

以上是这位朋友的叙述和我的点评。后来，她给我留言说："原本不太想谈和小姑子的这个事情，每次想起来都很难受，所以不太想去碰。心里也觉得这个事情无解。但现在随时可以想起来，也不会觉得不舒服，感觉是蛮正常的一个事情。另外，现在想起这个事情，会自动进入'事实—心情—愿望—请求—关切倾听'这些后面的环节，前面的自由表达部分的那些情绪也就没有了。"

在日常生活中，我们不会像在工作坊中那样去做练习。然而，在情绪拐不过弯来的时候，我们要注意理解和关心自己。如果我们不知道如何梳理自己的情绪，而只是一味地要求自己去关心他人，那么最后我们实际上也很难做到。所以，在自己有很强烈的情绪时，我们可以考虑找善于倾听的朋友倾诉，或借助四要素体会自己（可参考第六章"理解自己的怨"的表格）。然后等我们冷静下来了，再看如何解决问题。

学会凝聚共识

在生活中,许多矛盾通过反省和调整自己是可以得到解决的。但在另外一些时候,我们需要通过与他人凝聚共识来解决矛盾。下面是一个学校老师记录的她管理班级的例子,我将用它来说明与人凝聚共识的四个要点。

一次管理班级的记录

第一步:澄清事实

我:"你昨天做值日了吗?"

李:"做了。"

我:"我听同学说你一放学就跑了。"

李:"我在第四节课前的课间扫地了,还倒了垃圾呢。再说放学时我看地面也不太脏。"

第二步:倾听、理解学生

我:"小李,在你的定义里,只要在放学前扫地、倒垃圾了就算做值日了,是吗?"

(李点头)

我:"你说放学后地面也不太脏,我相信这一点。昨天也没有因为地面脏给班里扣分,单看这件事的效果,没什么。但是我现在有个困难,你帮我看看怎么办。"

(李点头)

第三步：表达自己并寻求理解

我："要是我默许了你这个值日的做法，如果其他同学也在放学前弄一下，一放学就回家了，那最后一节课留下来的垃圾就没人收拾了，那班级卫生老师就不知道怎么处理了。你帮我看看,该怎么办呢？"

（李似乎有点不好意思）

李："哦，那我是不对。"

第四步：合作解决问题

我："那按班里的规矩，你给班里补做一礼拜的值日？"
李："好吧。"
我："那咱们怎么和班里说这事呢？"
李："您就说我忘了吧。"
我："好的。谢谢你对我工作的支持。"

（很快，我就想起，他家住得离学校远，这可能也是为什么他急着回家的原因。这样，如果补做一礼拜的值日，他也许不太方便）

……

（第三节课是我的课，预备铃已响过，黑板还没擦，我就叫他）
我："小李，擦黑板啊。"
李："啊，我还要擦黑板啊。我不是就扫地吗？"
我："都是你一个人干呀。"

（李不高兴了，但还是去擦了。最后他是把抹布从远处扔回水盆里的，看起来有情绪。中午时，我重新考虑了对这件事情的处理，找了小李和卫生委员小丁）

我："今天上午我让你擦黑板,你看起来有点抵触。我跟你说都是你一个人干,这是我没说清楚——你只需要承担一个人的活就行了。"

(李高兴了)

李："谢谢老师。"

我："那你说你干什么活呀?"

李："我扫地吧。"

我："你不是想早回家吗?你擦黑板吧。"

李："好,好。"

我："小丁,你看这个分工公平吗?"

丁："不公平。应该擦黑板、讲台、窗台才公平。"

李："好。"

我："你说话算话,一定把活干好了。"

(李答应了)

在接下来的一周里,小李认真完成了他承担的任务,事情得到了圆满的解决。

以上是这位老师的记录。她对这个问题的处理,体现了与人凝聚共识的几个要点:(1)要注意澄清事实,以免大家由于误会而引发争论;(2)要给对方说话的机会,并注意表达对他的理解;(3)等对方觉得自己得到了理解,我们可以表达自己并寻求他的理解;(4)最终的解决方案要考虑双方的需要,不要得理不饶人。

这四点是凝聚共识的一个简明的思路。我们知道,有时凝聚共识并不容易。但如果我们注意澄清事实,把握好说和听的时机,就可以较好地促进双方的相互理解。然后,一轮沟通结束后,我们可以看看,已经达成了哪些共识,以及还有哪些问题有待进一步讨论。本着兼顾双方的态度,通过有效沟通,我们就可以循序渐进地凝聚共识。

小结

面对具体的冲突,我们要从自己的实际需要出发来确立沟通目标。这样,我们就可以有针对性地调整状态以及运用沟通技巧。

处理与他人的冲突,我们不仅需要关注自己的处境,还要考虑他人的处境。有时,通过运用四要素了解双方的情况,矛盾会很容易得到解决。

为了实现和谐的关系,除了知己知彼,我们还要遵循规律:爱和敬,对一个融洽的关系来说缺一不可。在冲突中,我们要留意自己的心态,并做出相应的调整。

调整沟通心态时,我们要注意"严于律己,宽以待人"。如果我们常想着自己做不到位的地方,以及别人的难处,注意反省和提高自己,我们就可以更好地待人以爱以敬。

在处于强烈的情绪时,我们可能难以待人以爱以敬。这时,我们可以考虑请求他人的协助,或借助四要素体会自己,使自己变得理性、平和。然后,再看如何建设性地解决问题。

通过自我调整,许多矛盾可以得到解决。但在一些时候,我们需要通过凝聚共识来解决问题。凝聚共识包含以下四个要点:(1)澄清事实;(2)倾听和理解他人;(3)表达自己并寻求对方的理解;(4)考虑双方需要。

第十一章 调解他人的矛盾

生活中，我们有时需要帮助他人解决矛盾。掌握调解他人矛盾的基本方法，我们就可以更好地面对这方面的挑战，并给予我们的家人、朋友、同事乃至陌生人更有效的协助。

确立调解目标

在生活中，家人、亲友、同事或熟悉的人有时会找我们倾诉他们的痛苦。这个时候，我们就有机会帮助他们调解矛盾。和处理我们自己的矛盾一样，我们需要结合矛盾双方关系的性质来确定目标。例如，如果我们面对的是家庭矛盾，一般来说，我们就要考虑怎么做有利于倾诉者家庭的和谐。

下面是一个朋友调解她外甥女和大姑子的冲突的过程：

晚上7点多，外甥女突然在微信上向我求助，说跟她妈妈闹僵了。我赶紧打电话给她问情况。原来，她前晚加班回来，在地铁上遇到个不太正常的男人，她吓得逃之夭夭后发了朋友圈。她单位离家比较远，她的一个特别好的朋友就住在单位旁边，邀请她今晚下班可以住她家。早上出门前，她妈妈不在家，她得到爸爸允许后带着住宿的东西上班去了。下班后，她就去了朋友家，这会儿两人正准备吃晚饭呢。结果她妈妈不同意她住外面，让她立刻回家，两人争论了一番。

她妈妈威胁她,如果今天不回家,以后就别回家了,一个人住在她家的另一套房子里。我大姑子非常强势,换以前我肯定会说她:太不尊重孩子了,再不改改臭脾气,以后无法跟女儿交流。这次,我想起了阮老师说的要注意维护家庭的团结。于是,我就帮着外甥女理解她妈妈:"你妈可能是担心你的安全。你这个朋友是女生吗?人怎么样?你们住的地方在哪里?是否安全?"我外甥女说:"我这朋友是复旦大学毕业的,是特别上进、很有前途的一个女生,住的小区就在单位旁边,非常安全。"我问她这会儿打算怎么办?她说:"我妈不能把我当小孩管,我一点自由都没有,住在朋友家不是很正常吗?而且我爸早上也同意的,这会让我再回家,路上反而不安全。如果非这样,我只有跟她杠上了。迟早要闹翻的,不是现在就是以后。"我问她希望我做什么,是不是希望我跟她妈聊一聊。她说是。

　　然后,我打电话给我大姑子。我和她说:"外甥女跟我说了,前面你们谈话有点不愉快。她不太理解为什么你不让她住朋友家,她觉得挺安全的。希望我跟你确认一下,你是出于什么样的考虑?如果是安全,她觉得那样更安全啊。"她回答说:"不是因为这个事,还有别的事,这会儿不方便说话,8点半以后再说。"说完很不高兴地挂了电话。我告诉外甥女她妈妈的话,然后让她想想最近还有什么事。外甥女不解。这时,我想到她妈妈可能是担心那个朋友是个男性朋友。我就建议外甥女,拍张你们现在的照片给你妈妈看看,包括朋友和她家,让你妈妈安心。然后,建议她8点半以后再给妈妈打电话,好好说话,闹翻了对谁都不好。我又说,你妈妈就是关心你,不过你也不错,顾及你妈的感受,才想让我缓和一下。外甥女抱怨了一通她妈妈的沟通方式。我能理解她的心情,但我只是说,关于沟通方式,建议你等妈妈心平气和时跟她好好谈一谈。晚上9点,外甥女回我信息,说她发了照片给她妈看,也打了电话,说了好多好话,搞定了。

在这个例子中,孩子的妈妈似乎有点不讲理,但作为母亲,她的心情是可以理解的。可孩子处在她的年龄段,未必能够体谅母亲的心情,容易觉得自己得到了不合理的对待,甚至想通过反击来维护自己。一旦这样的小矛盾积累多了,母女之间就会有越来越多的隔阂,最后关系可能就会变得有点僵。亲人之间真的闹僵了,双方都会很痛苦。

调解的这位朋友虽然也是一位母亲,但心理上倾向于同情孩子,觉得孩子妈妈过于严厉了。调解矛盾时,为了促进双方的和谐,她有意克制了自己的情感偏向,既表达了对外甥女的理解,又避免说她妈妈有什么不对,以免加深外甥女的不满。同时,面对大姑子时,传话的时候,也注意把握分寸,没有传孩子的一些气话,以免加剧双方的矛盾。她居间协调,注意促进双方的相互谅解,对矛盾的顺利解决起到了积极作用。

在调解矛盾时,我们需要像这位朋友那样,根据双方的实际需要来确定调解目标,而不是照着自己情感的偏好选边站。

澄清事实,消除误会

误会和偏见会引发人与人之间的矛盾。调解他人的矛盾,我们需要注意了解基本的事实,并看看双方之间是否存在误会。如果发现矛盾的一方或双方存在误会,就可以通过澄清事实来帮助他们消除误会。

有个朋友是一个公司的部门主管,她曾帮助她的同事小金消除了对其他同事的误会。小金后来回忆说:

> 之前我怀孕休假时,小宋来到了我们部门,我没有和她相处过,但是好几个人提及她都颇有微词。这位新同事在我脑海中便留下了很不好的印象。后来,她去了省公司,因为工作需要,我与她常有往来。我找她处理事情,总觉得她做不好,爱拖拉,不靠谱。她有事情找我帮忙,我就觉得她在给我制造麻烦,立刻就会炸起来。有一次,她要一份合同模板,我内心不想配合她,就让她自己来拿合同。然后,我一直在办公室喋喋不休地抱怨她。正好给我们主管听到了,主管就单独询问了我对她的不满之处。我说,她以前在我们部门时,其他同事对她印象就不好。还有,她虽然是省公司的,可是业务不精,什么都不懂,爱给我们找事,添麻烦。
>
> 后来,主管提醒我,省公司要一份合同,请我们地市公司送过去是正常的配合流程。同时,她还给我讲了她们之间工作交流的几件事。主管说,对我们的工作,她都很配合。尤其是我们在地市做活动时,她在现场做支撑,很辛苦也很敬业。主管让我放下成见,再观察观察。我后来才觉察到,我在不了解她的情况下,一直用有色眼镜看她。我试着放下自己的偏见,慢慢地发现她并不像别人口中那么差劲,那么难以沟通。接着,工作交流也都变得很顺利,在有些事情的看法上,我甚至还会与她产生共鸣。我之前微信和她沟通都很客套地叫她宋经理,现在会亲切地称呼她的名字。

这位朋友能够帮助她的同事消除误会,是因为她根据亲身经历对小宋有了自己的认识。在调解他人的矛盾时,我们也需要先了解基本的事实,然后帮助矛盾的一方或双方消除误会。

把握谈话的节奏

有时,矛盾的一方或双方处于强烈的情绪之中。这个时候,他们的观点往往是不客观的,但如果有人直接指出来的话,他们又很难听进去。遇到这样的情况,调解人需要注意把握谈话的节奏,让他们有一些处理自己情绪的空间。

有位老师谈到了她调解学生冲突的一次经历:

语文课上,我安排学生两人一组,一起翻译"古诗四首"。学生们都哇啦哇啦地说起来了。这时,第一排靠教室门口的一个胖乎乎的男孩举手了:"老师,有人不守规矩!"

这个小男孩长得虎头虎脑,脸蛋胖乎乎的,个子不高。虽然长得可爱,但是纪律上并不太好,有时会接下茬,有时会趁其他学生捣乱时推波助澜一下,而且还不积极领数学作业。有一次,我还看到数学课代表在黑板上用大字写着"请××自取数学作业",一问,原来是他老不自己拿作业,数学课代表烦他了。

我走到他面前,他指着后桌的一个女生说:"老师,她不守规矩!"原来是那个女生与旁边另外的女生和男生结成了三人小组,一起翻译了,没和他一组。我就说:"哦,他们愿意三人一组,那你就自己一个人学,自己翻译吧。"胖男孩低下头看书了。我悄悄问那三人为什么不愿和他一组,他们说他老骂人,还扔他们的东西。我点点头,就到后面巡视了,以为这事情就过去了。

过了一会儿,后桌的那个女生举手了,我过去。小姑娘委屈地说:"老师,他(指那个胖男孩)扔我的笔袋。"我一看,地上好几支笔横七竖八的。我便招呼她的两个同伴和我一起把文具都捡起来给那个女孩。小姑娘挺懂事的,说:"谢谢老师。"我嘱咐她收好东西。

我走到胖男孩面前,他面有怒色。我拍拍他,轻声问道:"××,你很生气是吗?"他的眼眶立即红了,眼泪涌在眼眶里。我又问:"你是不是很难过,觉得自己被孤立了?"他点点头,眼泪更多了。他趴在桌上,头埋在胳膊里,我拿了点纸巾给他。我又对那三个孩子说:"××哭了。他不懂得怎么和别人相处,生气了也不知道怎么正确表达,他需要改进,老师会说他的。但咱们都是同学,希望你们能帮助他,给他进步的空间。下次再有小组活动,你们愿意再给他一次机会,带上他一起学吗?老师这个不是命令啊。"三个孩子都点点头。

下课了,到了吃午饭的时间,我看胖男孩没拿午饭,就把他叫过来,问:"你还生气吗?"他的眼泪又出来了。我问:"那你打算怎么处理这事呢?"他说:"我要把××(指当时的另一个女孩子)的笔袋也扔掉。"我说:"你这么做,他们会更排斥你。老师劝你不要意气用事,气头上不要做决定。"男孩走了,我很担心下午矛盾会进一步激化。中午我给他班主任打了电话,说了事情原委,班主任说放学后她会找这个孩子谈谈。

第二天上午,我先悄悄问了女孩子,昨天下午胖男孩有没有扔他们的东西或者骂他们,她说没有,我放心了。没想到语文课间,胖男孩还主动过来跟我说:"老师,我和同学的矛盾解决了。"

在这件事中，我做得好的地方首先是没有立即批评胖男孩，而是先去关心和理解他的感受，同时指出了他的做法会给他带来的后果，这些帮助他平静下来、恢复理智。然后是帮助另外三个孩子去理解他，促进他们之间的关系。这些不仅为缓和矛盾创造了条件，而且还为后来他能听得进班主任的教育做了铺垫。

在调解冲突时，如果能够让当事人觉得自己得到了理解和关心，那么，他们就会更加重视我们的意见。所以，有时我们要注意把握谈话的节奏，给当事人表达和体会自己的空间，而不要急于要求他们接受我们的立场和观点。

帮助一方调整状态

在家人或朋友找我们倾诉时，我们往往是通过帮助他们调整状态来解决矛盾的。这个时候，我们可以考虑遵循以下步骤：(1) 帮助他们理解自己；(2) 帮助他们理解另一方；(3) 从"严于律己，宽以待人"的原则出发给他们建议。

下面是一个朋友记录的她和婆婆的一次冲突：

今早婆婆问我："梁勇昨晚用姜包了没？感觉如何？"我回答说："我不知道呀，昨晚我和闺女睡的。"这时婆婆说道："你看，让你告诉他，你不跟他说。"我嗓子一堵，没吭声。声音憋在了心里："凭什么指责我没照顾好他，我已经放在他床边了，他又不是没看见。还要我怎样？"

遇到情绪有波动时,我有时会先倾听自己。我体会着自己的情感和愿望:我有些憋闷、生气,我希望婆婆想要梁勇做什么就直接交代梁勇,而不是让我转告。可是,这么做,我增加了对自己的理解,却对婆婆越发不满。这个时候,虽然也明白,婆婆这么说是因为她关心她儿子,但我心里就是不舒服。

我和阮老师吐槽这事后,阮老师讲道:"如果倾听合理化了自己的行为,那就更有理由生气了。在发生冲突时,还是要注意多反省自己。"阮老师的话给了我不一样的解决问题的思路。设身处地想想,婆婆的焦虑之情不难体谅,婆婆要求的事也不难做到。如果我把注意力放在自己能为家人做什么上,并且对家人多些体谅,我自然不容易生气。久而久之,好习惯也就养成了。

这位朋友长期从事沟通培训,面对这件事情,很容易就可以做到理解自己和婆婆的愿望。所以,我并不需要帮助她去理清这两点,而只是提醒她要多反省自己。在处理自己与他人的矛盾时,我们要牢记"严于律己,宽以待人"的原则;同样的,调解他人的矛盾时,我们要记得提醒他人运用这个原则。

协助对话,促成共识

在很多时候,通过帮助矛盾的一方或双方调整状态,相关的矛盾就可以得到解决。但有些时候,我们需要帮助矛盾的双方凝聚共识,使他们可以合作解决问题。

下面是一个朋友谈到他协调老师和他孩子(高二年级)的冲突的经历。

有一次开家长会,会后班主任私下和我沟通,说好像某科老师和孩子之间有些冲突,让我跟孩子以及老师沟通一下,了解了解情况。听了这个消息,我有点紧张和担心,我知道孩子的性格有些倔强,怕她和老师对立起来,会影响她的学习和成长。周末,孩子回来。吃饭的时候,我先简单问了她一下学校的情况。当说到某课的时候,她说老师总是针对她,而且老师布置的作业太多了,等等。当我说班主任希望我能和那位老师聊聊时,她非常不愿意,觉得没什么大不了的,认为那位老师就喜欢把小事放大。她很生气,也不太愿意多说。

接下来的周一,我和那位老师用微信联系。约好见面的时间后,我认真想了想,如何才能通过沟通来有效处理这件事。首先,我明确了沟通的目标:帮助孩子的成长。为此,我需要先了解清楚究竟是什么情况。其次,我确定了沟通的原则和心态。我相信,老师也是为孩子好。和老师沟通,要始终保持对老师的尊重,要支持老师的工作。最后,在沟通的方式上,我考虑先多听老师和孩子讲,然后再通过表达与老师和孩子达成一致,并促进他们之间的相互理解。

接下来,我按约好的时间与老师在办公室见面。老师很客气地让我坐下。她和我说,孩子的学习还不错,和同学的关系也不错,对于该科的学习潜力也很大等,从正面给了我一些信心。然后,老师说到,孩子虽然聪明但是有时不配合老师的工作,所以会造成与老师的对立和冲突。我请老师具体说一下需要怎么配合她的工作。原来,孩子宿舍有几个同学的成绩不太好,老师希望孩子能带动另外几个同学学习。因此,老师会在课堂上特别关注孩子的表现,让她多回答问题,并且对她相对于其他同学更严格。而这引起了孩子的抱怨和反感,觉得老师总针对她。

我听老师这样说,心里踏实了不少。原来不是孩子出了什么状况,而是老师希望孩子成为宿舍同学的标杆。我向老师表达了我听到的老师的愿望。老师很高兴地说:"是啊!我就觉得你孩子的领导能力挺强的,希望她可以起到桥梁作用。"后来,老师又谈到,孩子有一些不认真、不仔细的小习惯,如果可以改正的话,成绩会有比较大的提升。我说:"我也常发现孩子学习过程中有粗心和遗漏的问题。比如,她喜欢快速写完作业,有时写字挺潦草。我也希望从您这里了解一下,您说的不认真和不仔细的小习惯,具体有怎样的一些表现。这样,我就更清楚了,也方便我和孩子沟通,有利于她的改进。"老师想了一下,说:"比如,写试卷的时候,两道题中间有空白的地方,她总是喜欢写到边角上,而没有写在中间的位置。另外,她写题的时候会忽略中间的步骤,直接写出答案和结果。批改试卷是按照步骤给分的,步骤不写清楚,或者最后的结果由于疏忽错了,就很容易失去比较多的分数。另外,在课堂上的时候,她和同学有时会说话。当然完全不说话也不可能,但如果一节课她能保证20分钟在认真听讲,就很好了。"和老师沟通了一个多小时,老师说完,感觉她也觉得轻松一些了。于是,我说我会在周末的时候和孩子进行沟通,也会及时地把沟通的结果反馈给她。

周末我利用孩子回家的时间,和她进行了沟通,表达了我对老师说的话的理解,并且提了一些具体的建议。孩子听到了老师的愿望,感觉也没有那么抵触了,因为孩子也乐于帮助同学。她也说了她的想法和问题。比如,她觉得帮助同学没问题,但有些人可能很快就要转学出国了,心思就没在这里;还有，课堂上如果有同学不愿意学习找她讲话怎么办……耐心听她讲了一个多小时，孩子这边也有她的实际情况和顾虑，她表达完也感觉有些被理解。我说，可以一起想办法来解决她的实际问题，必要的时候也可以请老师帮助一起解决。她说，她自己也可以尝试解决。

之后，我又用微信和老师进行了联系："老师，我周末和孩子谈了谈，明确了她需要改进的地方：(1)上课保持专注，不和周围的同学讲话；(2)要勤于做练习题，并书写在问题空白处中间，且步骤完整、字迹清晰可辨认；(3)在宿舍几个同学中起到表率作用，通过做好自己带动大家一起学习，积极上进；(4)配合老师、尊重老师，碰到问题先反思自己的不足以及老师合理的要求，先做到，然后根据实际的困难积极请求老师的帮助和支持。老师，感谢您对孩子的信任和付出，也希望继续得到老师的监督管理和持续的鼓励、带领，希望这次期末考试她能够取得更好的成绩！"

后来，老师给我反馈，说孩子的表现有了明显的改进，月考进步很大，希望我多鼓励她。同时，我也发现孩子有了一些变化，心里踏实了很多，也很感激老师的关注和指导。

在这个案例中，这位朋友首先确立了沟通目标和沟通原则。他明确了要以尊重和支持老师的态度来处理冲突，这对解决矛盾是关键的一步。处理师生关系，我们要注意维护学生对老师的尊重。这样，学生才能够专心学，老师也才能够热心教。学生的态度往往会受自己父母的影响。如果父母能够尊重和支持老师，就有助于培养孩子尊重老师的态度，以及促进老师对孩子的关心和爱护。其次，他运用了有效的沟通方法。他提醒自己要多听，先准确地理解老师和孩子,再促成他们之间的理解与合作。这是这个矛盾得以顺利解决的另一个关键。协助对话、促成共识的前提是调解人能够倾听并准确地理解矛盾双方。

有时,我们需要促进矛盾双方的相互理解与合作。要做到这一点,我们就需要与双方形成良好的互动。这样,我们才能够起到桥梁作用,帮助他们更好地互相理解并形成共识。

小结

调解他人的矛盾,我们要能够从双方的实际需要出发,来确立调解的目标。如果只是凭着自己的感情偏好选边站,就可能激化双方的矛盾。

我们还需要注意澄清事实。如果矛盾的一方或双方存在偏见或误会,就需要帮助他们认清事实,消除成见和误会。

有时,我们需要表明自己的立场和观点。如果矛盾的一方或双方处于强烈的情绪中,我们要注意把握谈话的节奏,可以考虑先帮助他们冷静下来,然后再表达自己。

在大多数时候,我们是通过帮助矛盾的一方调整状态来解决矛盾。我们可以考虑遵循以下三步骤:(1)帮助倾诉者理解自己;(2)帮助倾诉者理解对方;(3)从"严于律己,宽以待人"的原则出发提出建议。

然而,在另外一些时候,我们需要协助双方对话,并达成共识。这时,我们就需要分别与双方进行良好的交流并起到桥梁的作用。

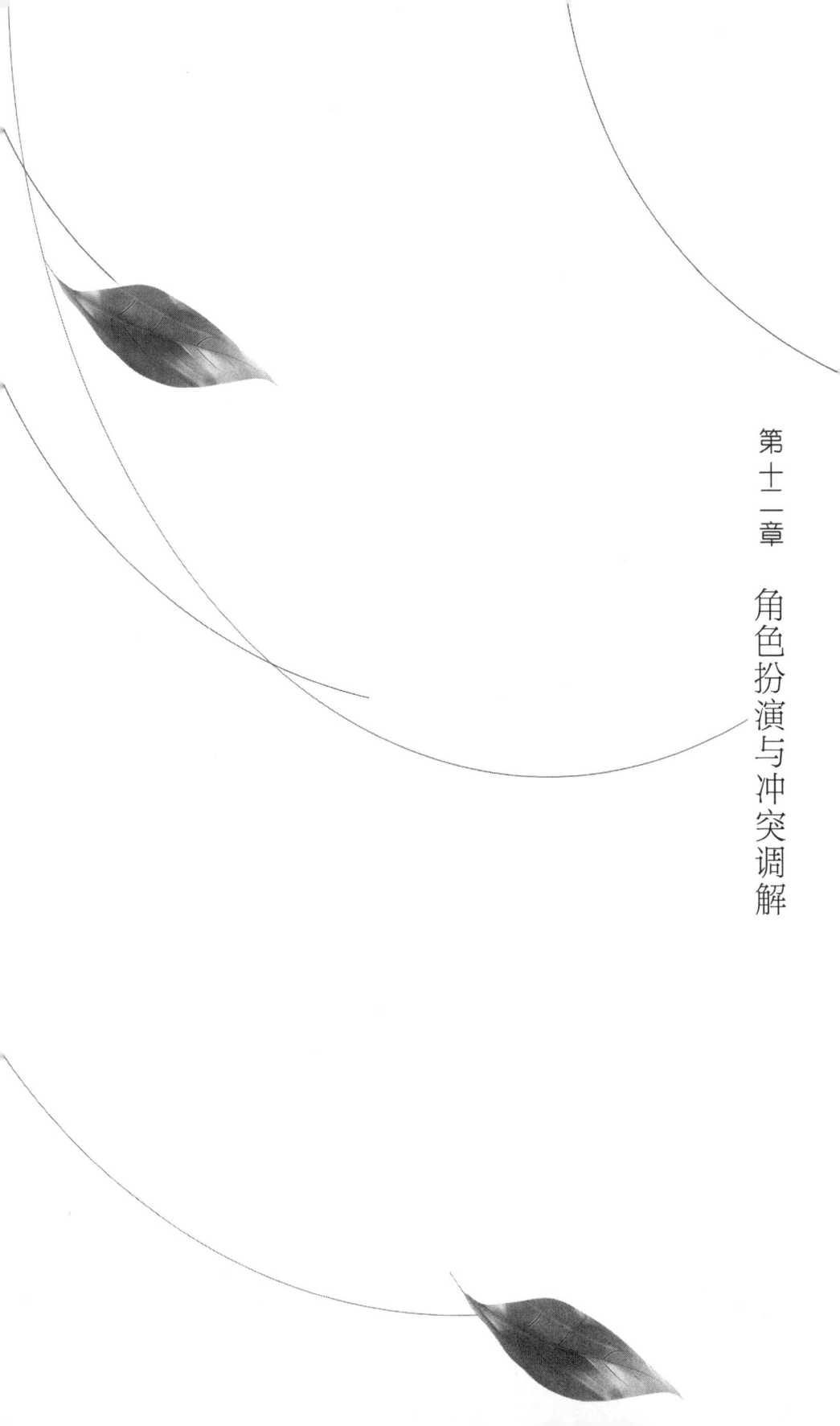

第十一章 角色扮演与冲突调解

上一章谈到,在调解矛盾时,帮助倾诉者调整状态的三步骤:(1)帮助他们理解自己;(2)帮助他们理解他人;(3)从"严于律己,宽以待人"的原则出发给予建议。本章将介绍如何运用角色扮演的方式来促进倾诉者对自己和他人的理解,然后再运用原则来解决矛盾。

一个成功的案例

我们先来看一个案例。这个案例中,赵女士在孩子教育的问题上遇到了困难,然后她自己又和孩子的老师发生了摩擦,在有点不知所措的时候,参加了我的工作坊。在工作坊中,经过多轮的角色扮演,以及后续的探讨,赵女士对自己和老师的态度都发生了明显的变化。在工作坊后,赵女士主动联系了老师,与老师的关系有了明显的改善,孩子的情况也有了明显的改善。下面的内容共分为七个部分,其中,前两部分是帮助她理解自己的情感和愿望,第三、四部分是帮助她理解老师的情感和愿望,第五部分是帮助她启动对话,最后两部分是她参加工作坊后的反馈。

1

第一轮角色扮演:赵女士倾诉,我扮演她的朋友。

【说明 角色扮演的第一步:我扮演她的朋友。她把我当朋友,就容易放松地表达自己。这样的话,一方面,我可以了解她的情况;另一方面,我可以通过反馈她语言中所包含的情感和愿望,帮助她体会自己。】

赵:"阮老师,我最近碰到点事,我跟儿子的数学老师沟通出现了一点障碍。情况是这样,我家孩子比较淘气。在课堂上,我儿子去招惹旁边的小朋友,老师批评旁边的小朋友,不批评我家儿子。如果他不招惹别人,在课堂上走啊,说话啊,她就当没看见。我去跟老师沟通,说如果我孩子在课堂上扰乱了课堂纪律就批评他,该怎么处理就怎么处理。老师说:'你家孩子,就喜欢学语文,就喜欢语文老师,我的话是不听的。'

我不知道怎么继续交流,回去后还是有点担心,担心老师放弃我家儿子,就把这个过程写了放到QQ空间上。不小心给老师看到了,她很激动地打电话跟我说:'反正你自己会教育的哦,你说我不管你家儿子了,那从现在开始我就不管了。'

我听完,当时不知所措,没想起来是哪里让老师生气了,后来才发现是那篇QQ空间的感想。当时也挺自责的,我极力想帮助孩子,结果发了这个感想后,完了,我儿子的日子会更难过了。他日子难过,那我的日子也会更难过。我很紧张,当晚失眠了。怎么办?当天晚上我就给老师发了信息:我真的非常非常抱歉,没想到写的这个东西,给你造成了伤害,我也知道我家孩子很淘,这两年你也付出很多。老师没有理我。

第二天,我再次真诚地发了一条信息,老师还是不理我。然后,我去接孩子,在校门口,老远看到她了,热情地走上前,想当面沟通。老师本来面向我的,看到我走过去,她就转了过去跟旁边的同事讲话。我在旁边等,结果她讲完直接就走回办公室,没有理我。我感觉老师对这件事没有释怀。

我因为这个事焦虑了好几个月,感到无解。然后,跟班主任也沟通了,班主任说没关系,慢慢来。这事发生在上学期。中秋等节日我也给老师发了信息,把我对她的感激写了一下,她始终没有回应。现在就是这种状况。

上个礼拜还发生件事,有个妈妈告诉我,因为我儿子招惹她儿子,结果她儿子被拉到讲台上站了一节课。这样对别的小朋友不公平,小朋友妈妈就会来找我,我会觉得很愧疚,就更加有压力了。"

阮:"你已经很久没有睡好了,想到这事,白天也好晚上也好,就焦虑、自责。可能现在想到你孩子,你也挺无奈的。所以,你现在主要在想,怎么样跟老师修复关系,得到老师的一些理解,最好老师愿意见到你这个家长,愿意跟你好好说说话。"

【点评　试着表达自己的理解,给予赵女士确认或澄清的机会。】

赵:"这个倒没关系,老师不愿意见我也没关系,她对那件事能释怀,不觉得我是有意伤害她,能够公平地对待我孩子,跟对别的孩子一样就好了。"

阮:"你希望这个事情曾经有什么不愉快呢,赶快过去,然后希望老师在班级里面像对别的孩子一样,平等地对待你的孩子。这样,你就会感觉到孩子在学校里得到了接纳。你希望通过各种方法,让老师转变对待孩子的态度,让自己吃饭啊、睡觉啊能够安心。所以,你现在非常希望通过上课或者其他方式得到一些启发。"

赵:"是的。"

【点评　通过第一轮的倾听,赵女士的愿望得到初步的理解。】

2

第二轮角色扮演:赵女士叙述,我扮演她孩子的数学老师。

【说明　角色扮演的第二步:我扮演她孩子的老师。这个阶段,我会鼓励她表达自己的真情实感。这样,我就可以进一步了解她的情况,同时也帮助她深入地体会自己。】

阮:"第二步,我扮演老师。我希望这个时候,你不要客气。这个时候,要能够想象面对这个老师,有什么话,有什么情绪。想想你有多难啊,对她有那么多情绪,还要对她笑。有什么委屈不要往肚子里去,要允许自己表达自己,允许自己在说话的时候把情绪带出来。现在,你看看现场谁像那位老师呢?"

【点评　鼓励赵女士表达。】

赵:"老师平时还是蛮温柔的,短头发,瘦瘦的,外形有点像小林。"

阮:"好,那你现在看着小林,想象你看到的是这个老师。想到这个老师的形象,你现在是什么样的心情?她一般是什么样的表情?"

赵:"嗯,表情不太丰富,不怎么笑,比较严肃,说话声音柔柔的,感觉身体不是很好的样子。"

阮:"让我们闭上眼睛,静坐一下。让我们俩放松一下,重新开始。"

阮(开始扮演老师):"我真的很希望了解你的委屈,让我们彼此释然。你也知道,跟学生家长的矛盾,会带给我们多大压力。对我来说,这是很不容易的事情。你知道我身体不太好,这对我来说也是很大的一种压力。我也想听一听,你心里有什么气可以告诉我。我不会当成对我的指责,我主要想了解下,你经历了什么,对我有什么期待。

回头我也会做交流。希望我们能彼此释然,在教育孩子的事情上,就像你所期待的,我们一起努力。反正孩子也在我班上,我每天都需要面对他。重要的是,允许你表达你自己。让你自己能过去,这样也会帮助我过去。我不会当成对我的指责,你有什么话,都说出来。"

【点评　进一步鼓励赵女士表达,让她知道,想办法让这个事情过去对双方都好。】

赵:"老师,其实我很想跟你沟通交流。我儿子比较淘气,自我控制能力比较弱,但是他现在有了进步,也很希望被老师看到。我真的是很希望你能够公平地对待他,别把他当成一个特殊的孩子……(哭)"

阮(扮演老师):"你很伤心,是吧?想到过去我对待这个孩子的方式,你非常伤心。不用急着说话,你可以静一静。等你准备好了再接着说。"

【点评　和第一轮角色扮演时一样,试着表达自己的理解,给予赵女士确认或澄清的机会。同时,在赵女士有强烈情绪时,给她时间照顾自己。】

赵:"陈老师,昨天听明明的妈妈说,我家儿子去招惹她家孩子,结果你让她家孩子在讲台前站了一节课,没有处理我家儿子。这样对她家孩子是不公平的,对我家孩子也是不公平的。他没有承担他应该承担的责任。我希望以后在你的课上,如果我家儿子先犯错误,按你的方式,该怎么惩罚就怎惩罚。"

阮（扮演老师）："谢谢你让我知道,在这个问题的处理上,你对我的意见。还有其他什么事情你会特别在意？我想有几件事可能对你触动比较大。"

【点评　进一步鼓励她表达自己,让她能够把心里话说出来。这既帮助她抒发自己的情绪,同时也帮助她得到进一步的理解。】

赵："其实最大的事就是上学期那件事,我也试着跟你沟通了很多次。当时,我觉得你有点放弃我家儿子了,我特别地担心和焦虑。你也知道,做妈妈的都希望自己的孩子得到老师的关心。当你说,你管不了我家儿子的时候,我真的很害怕,就发了一点感想,但从内心来说,我真的没有要伤害你的意思。如果对你造成了伤害,那我真的是很抱歉。

我希望你不要因为这件事对我家孩子有什么成见。因为我自己也是做老师的,相信每个老师都希望自己的学生好。我最大的愿望就是希望老师对我家儿子像对其他的孩子一样,当他出错了也批评他,他做得好的地方也能被看到,而不是让他觉得他是个多余的孩子。

我们现在也在努力改进,尽量在家里给他一些支持,让他知道必须遵守一些规则。但我现在获得的信息是,你的规则只针对班上其他的孩子。所以我很担心,他以后怎么办。"

阮（扮演老师）："班上出了事情,我没有批评他而批评其他孩子,处理他和处理其他孩子不同,想到我这样做,你非常地害怕。这孩子你也是非常操心,也很不容易,很辛苦。现在好不容易有一点成果,你希望我们一起来呵护。"

赵（哭）："……"

【点评 看来说出了赵女士的心里话了!】

阮(扮演老师):"有些细节,你现在想起来都是很难受的。你已经尽力了。"

赵:"老师,我也希望你能看到我儿子的进步,现在他跟同龄孩子比起来进步要小一些,但和他自己比起来已经有了很大的进步。特别特别需要老师看见他,看到他的存在。"

阮(扮演老师):"你想让我看到他的进步,看到你在努力,他也在努力。希望我对他多一点信心,我们一起对孩子多一点信心,创造一个环境来呵护他、包容他。"

赵:"是,至少公平地对待他。"

阮(扮演老师):"尽量让他在学校觉得他跟别人是一样的。这样也有助于他接纳他自己。"

赵:"我儿子比别人更需要关注,如果你看不到他,他会做出更出格的事让你看到他。越不看到他,他越捣乱。"

阮(扮演老师):"所以,这段时间,你希望我做些反省和调整,让事情向着良性的方向发展。"

赵:"是。"

阮(扮演老师):"所以你希望我再多一点信心,再多做一点努力。"

赵:"是的。"

阮(扮演老师):"你觉得我理解你了吗?我再重复一遍。过去你吃了很多苦,现在看到孩子有很大的进步,你对自己和对他都很肯定。你希望我看到孩子的进步,对他多一些信心,做一些调整,让事情向着良性的方向发展。这不仅对孩子,对我和其他人都是很重要的。只要我公平地对待他,孩子在学校就得到了你想要的支持。"

赵:"是。"

阮(扮演老师):"我很感激你跟我说这些,帮助我理解了你这段时间的坚持,你的不安。说这些比说前面的故事,让我更能理解你,体谅你。你让我看到,你作为一个母亲的痛,你的不容易,以及你需要得到照顾的地方。这会有助于我们之间关系的缓和。"

【点评 这是我猜赵女士所期待的老师的反应:老师能够对她有更多的理解和体谅。】

阮(做回自己):"你现在分享一下,你有一个这样的表达机会,即使我是虚拟的老师,你整个过程有什么样的变化?"

赵:"刚开始说的时候很害怕,不知道这些话对老师说了,她会有什么反应,挺担心的。前面跟老师说话非常小心,生怕触动老师的情绪按钮。我开始的时候手很紧,然后说着说着手就舒展开了。本来心里觉得很堵,现在也轻松了下来。"

【点评 通过表达自己并得到理解,赵女士变得释然些了。】

阮(对现场的学员说):"这个模拟本身是有价值的。我扮演老师,可以让她的内在状态表达出来。"

阮(继续扮演老师):"你现在还想骂我吗?"

赵:"我本来也没有想骂你。"

阮(扮演老师):"嗯,你一直想让我知道,你本来无意冒犯我,你只是很无奈。"

赵:"我本身对老师也没有那些指责。"

阮(做回自己):"即使你有一些看法,这也不是重点。重要的是,你想看到你想要的变化:老师保持对孩子的信心,对你们的体谅,以及她行为的调整。这是你要的。"

赵:"是的。"

【点评　通过这一轮的倾听,赵女士的心声得到了更深的理解。】

3

第三轮倾听:赵女士扮演老师,我扮演赵女士。

【说明　这一轮让赵女士扮演老师,一方面是因为赵女士熟悉老师,另一方面,通过前面的陪伴,赵女士已经变得放松,可以试着换位思考了。这个时候,她扮演老师,我扮演她来体会老师,可以帮助她理解老师。】

阮:"下面让我们安静几十秒,做个角色切换,你扮演老师,我扮演你。"

阮:"好了,我现在是孩子妈妈,对你有很多看法。你现在是陈老师,你对我有什么话要说吗?"

赵(开始扮演老师):"天天妈妈,你反正是会教育的。你家孩子反正很聪明,课堂不听,考试也会考好的。反正我现在也管不了他。他比较喜欢语文丁老师,现在有什么,我都让丁老师来管。他有多喜欢语文啊,整天看书,下课也看,有时在我的数学课上也看。我是没办法了,反正也没关系,你们自己会教育。"

阮(开始扮演赵):"想到我家孩子,你好像很无奈,很苦恼。"

【点评　表达理解。】

赵(扮演老师):"反正管他,他也不听的。"

阮(扮演赵):"你很受挫折,很堵心吧,想着就来气。你希望我们家长能理解你的无奈、堵心和挫败感。你想到这个孩子,就恨不得一脚把他踢出去。这样你可以轻松一点。作为老师,你很希望在一个班级里面,得到学生的接纳和喜欢,希望你辛辛苦苦备的课能顺利地实施,多一点轻松,多一点成就感。"

【点评 帮助赵女士换位思考,看到老师的愿望。】

赵(扮演老师):"是的。反正你们家孩子也不喜欢数学,喜欢语文,丁老师的话是会听的啦。我的话,他反正从来也不听。我拿他也没有办法。"

阮(扮演赵):"所以,你想让我知道,你不是不想做什么,你真的是无奈。真的是做不了什么。"

赵(扮演老师):"是的。"

阮(扮演赵):"那你能不能像批评其他孩子一样批评他呢?"

赵(扮演老师):"说他,他还发脾气,我反正是管不了。"

阮(扮演赵):"所以,你非常希望,在管理学生时,学生能够尊重你。要不,你更有挫折感,更丢面子。尤其是有很多孩子在那里,你希望你得到的回应是你所想要的,能体会到大家的接纳和尊重。"

赵(扮演老师):"是的。"

【点评 这个过程帮助赵女士理解老师面临的困难。】

4

三轮角色扮演后的对话:进一步帮助赵女士体会老师。

【说明 接着做正面的探讨,目的仍然是帮助赵女士进一步

理解老师的处境。】

阮:"你试着去体会这个老师,批评、指责的背后,她是什么感觉?"

赵:"很无力,很无助。还有一点点小失落。孩子很听语文老师的话,不听她的话。"

阮:"这个老师其实有很多的困难。她说孩子,他总不听,如果其他学生都效仿他怎么办?在一个教室里面,她得不到接纳和尊重,对她来说本身是很挫败的,也担心对其他学生有影响。她有些不知所措。"

阮:"我们可以就这部分做一些探讨。如果我是这个老师,我为什么没有批评孩子?我没有放弃孩子,我没有办法放弃他,没法当他不存在。但是,有些方法我不想用。比如直接去批评他,后面引发的挫败感可能不是我想要的。所以,我现在想到了一个办法,就是通过同学的压力。我批评其他人,其他人会对他有意见。或者,我管别人不管他,他会觉得很孤立。我觉得直接批评他这种压力对他来说不管用,我是通过其他方法在管理他。我要管理我的课堂,放弃他不现实。我只是在尽我最大的努力而已,只是没想到更好的办法。老师也是压力很大的,你们两个都很辛苦,你们应该携手合作。"

【点评 我试着站在陈老师的角度考虑问题,帮助赵女士拓宽一下思路,看看是否可以进一步看到陈老师的行为有合乎情理的一面。】

赵:"是的,这个我也能理解。跟她聊了几次,每次没聊两句,她就说到反正他喜欢丁老师。实际上她也很渴望我们家孩子能喜欢她。"

阮:"你想想,她渴望的后面是什么呢?如果孩子喜欢她,听她的,她不是一切烦恼都没有了吗?她干吗要跟你过不去?她只是希望作为一个人能容易一点、轻松一点;作为一个老师,教学顺利一点。目前这种情况,作为一个老师,她已经尽力了。你在QQ空间写老师放弃你儿子,让所有人都看到,她听到这话会特别恼火。她费尽心思,而且很在意别人对她的肯定。相信她是个很努力的人,希望得到一些欣赏。"

【点评　继续试着做推测。】

阮:"她为什么不想见你?这个不难理解。她想到你就有压力,想到你就听到批评了。你冒头的那几句话,我就听到批评了。你虽然无意冒犯她,但你觉得她不应该这样。"

赵:"我现在也有点内疚。"

阮:"你们之间有一种排斥、对立的氛围。"

赵:"我也很想逃。"

阮:"前面做了三轮角色扮演。你现在再想起老师什么感觉?"

赵:"老师很不容易,很挫败,很无力,很累。"

阮:"这些你过去没太能体会到。"

赵:"过去是在道理上明白,但没有像现在感触这么深。"

【点评　这从另一个角度体现了前面几个步骤的意义。有时,我们道理上明白,但情感上过不去。经过前面几个步骤,赵女士能够静下来,对陈老师的处境有一种切身的体会,心里也变得柔和了。】

阮:"你们能够放松点,对孩子是有帮助的。"

阮:"现在我是老师,你做回你自己。你想对老师说点什么呢?"

赵:"陈老师,我们家的孩子特别淘气,这两年多来,给你添了不少麻烦。我之前对你说的话,现在看来是要求。你真的已经很不容易了。你对我们家孩子特别费心,没有把他'踢'出去,我已经非常感谢了……"

阮(扮演老师):"你现在是不是想起我,心里就柔和了很多,觉得我没有那么面目可憎了?"

赵:"没那么害怕去面对老师了。"

【点评 心里变得柔和,人也从容了。】

5

启动对话:给老师写信。

【说明 虽然赵女士内心变得柔和了,但从陈老师的角度应该还有许多不愉快的感受,很可能还处于困难之中。如果赵女士可以表达出对老师的理解和体谅,以及自己的歉意,将会缓解老师的压力,使双方的关系变得轻松些。这对所有人都很重要!以下内容是我建议赵女士给老师发的信息。】

陈老师:

最近,我对自己过去的行为有了进一步的反思。我意识到自己过去由于卷入自己的情绪中,并没有能够较好地体会到您——您的努力,您希望能够有个轻松、愉快的教学环境,以及得到家长的理解和支持。

【点评 在双方发生冲突的情况下,先表达善意的理解,有助于对方静下来体会我们现在的状态。】

同时,我也体会到自己是多么害怕,多么希望自己的孩子能够顺利完成学业,能够得到集体和老师的包容和接纳。也许,正是由于自身的紧张,在言行上对其他人有了许多要求。想到这里,我心里是挺难过的。

【点评 接着,寻求老师的谅解。】

我现在已经放松了许多,我知道这不仅对我自己好,也有助于我真正帮到孩子,以及更好地体会他人。

深深的歉意。

【点评 表达歉意有助于培育信任。】

天天妈妈

6

后续的情况1——赵女士的反馈一:

在阮老师的指导下,跟老师再次发信息联系了,尽管老师依然没回复,但接孩子时碰到几次,明显感觉她态度缓和了。而且最关键的是,近期我关注自己更多,对孩子平和了很多,孩子在校的表现也好了很多,尤其在数学课上调皮捣蛋的频率低了很多。

我在想,放下自己就是放下别人,自己轻松了,周围人也会轻松吧!在工作坊中,老师给我的启示让我从自责中走出来,轻松地看待这件事,尽人事,听天命。不再自责,不再一定要跟老师怎么样。结果我发现也没什么大不了,一切都在向好的方面转变。喜悦!

【点评 赵女士转变的不只是对老师的态度,还有对自己的态度。她从自责中走出来,变得放松,也变得容易相处。】

7

后续的情况 2——赵女士一年多后的反馈：

曾因朋友介绍读过《非暴力沟通》，感觉不错，却应用不来。偶然的机会，抱着试试看的态度，我参加了阮老师的工作坊。

那时正为孩子的课堂表现焦虑，更为一次 QQ 空间的发言被老师误解而纠结，既想跟老师沟通，又怕老师误会更深。在这样的纠结中，又慢慢有些对老师的怨，也有对自己的自责，没事儿乱写什么啊！就是在这样的际遇下，我抱着试试看的心态走进了阮老师的工作坊。

没想到阮老师听说我的故事后，竟然用我的故事做了专门案例。在阮老师的特别倾听下，当时我的纠结就释怀了很多。

工作坊结束后，阮老师又多次倾听并指导我化解矛盾。虽说我一直都没有跟老师正面沟通这件事，但通过角色扮演，我从心里放下了对老师的怨、对自己的自责，并看到了老师的不容易和自己的不容易，而且看到了整个事情背后的爱——老师和我都爱孩子，都希望孩子好。

因为放下，我放松了，释然了。老师对孩子也好了，我们见面时也轻松自在了。孩子在课堂上的状态也越来越好了，原本不做的作业也能按时积极完成了。

虽说那次工作坊已经过去很久了，但我依然感恩朋友带我走进阮老师的工作坊，依然感恩自己的那次选择，感恩阮老师的无条件接纳和倾听，感恩一同学习的伙伴们的鼓励和支持。每每想起，都是满满的喜悦与感动！

【总评　在本案例中，赵女士先是通过前两轮的角色扮演，既抒发了自己，又得到了理解，把注意力放在了自己的需要和目标上。然后，通过进一步的角色扮演和对话，她更好地理解和体谅了对方。这样,她在内心对自己和他人都变得柔和,从而能够从容地去解决冲突。

在调解这个矛盾时,我首先确立了沟通目标:促进家长和老师的和解。然后,通过角色扮演等方式帮助家长调整状态。这并不是说,老师的表现是完美的,没有任何需要改进的地方。而是因为,请求我帮助的是家长,所以,我重点帮助她反省自己的不足以及多体谅老师。反过来,如果请求我帮助的是老师,我也会重点帮助她反省自己的不足,以及多体谅家长。也就是说,不论面对的是家长还是老师,我都遵循同样的方法和原则:帮助他们理解自己和他人,然后以"严于律己,宽以待人"的态度来解决问题。】

角色扮演的要点

在上个例子中,我们用到了三轮的角色扮演。假定 A 是倾诉者,B 是调解人,C 是矛盾的另一方,那么,这三轮角色扮演分别是:

第一轮,B 以朋友的身份倾听 A;

第二轮,B 扮演 C 倾听 A;

第三轮,让 A 扮演 C,B 扮演 A 来倾听 A 扮演的 C。

第一轮,实际上是我们日常生活中经常做的事情。家人或朋友来找我们倾诉,这个时候,我们可以运用倾听的技巧来陪伴他们。在工作坊中,调解人扮演 A 的朋友是为了给 A 创造宽松的氛围来表达自己。

第二轮,我们平时一般不会这么做。这么做的意义在于,这为倾诉者进一步梳理自己的情绪创造了条件。有时,倾诉者很想说一些话，但在实际生活中却不好表达。这样，许多意见就憋在心里，到最后可能连自己究竟有什么意见都搞不清楚了。所以，创造这样一个条件，让倾诉者痛快地说出来，一来可以抒发一下自己，二来可以更好地理解自己究竟想要什么。在第二轮时，倾诉者是重新开启一个新的对话，和扮演C的调解人聊，而不是在第一轮的基础上继续聊。这样，有助于倾诉者尽情地表达自己。

第三轮，倾诉者扮演C，这个时候，倾诉者要假定C接下来可以放开聊。这样，扮演倾诉者的调解人才可以更好地理解C的状态，并通过反馈来帮助倾诉者理解C。通常，倾诉者只有在自己得到充分的陪伴和理解后，才可以静下来关心C的情感和愿望。所以，在开始第三轮前，我们要看倾诉者是否在状态。

此外，在扮演不同的角色时，调解人要注意运用倾听的技巧。有什么建议，可以等倾诉者较好地理解自己和他人后，再从"严于律己，宽以待人"的原则出发来提。

总的来说，角色扮演是为了帮助倾诉者更好地理解自己和他人。我们可以视情况有选择地运用以上三种角色扮演方式。

小结

有时，来寻求我们帮助的家人或朋友处于强烈的情绪中，难以理智地思考和处理事情。这个时候，我们可以考虑运用角色扮演的方式来帮助他们表达自己，以及更深入地体会自己的情感和愿望。接着，如果他们有意换位思考，我们还可以邀请他们通过角色扮演的方式来体会他人。然后，等他们变得较为平和、客观，我们就可以和他们一起探讨如何解决矛盾。

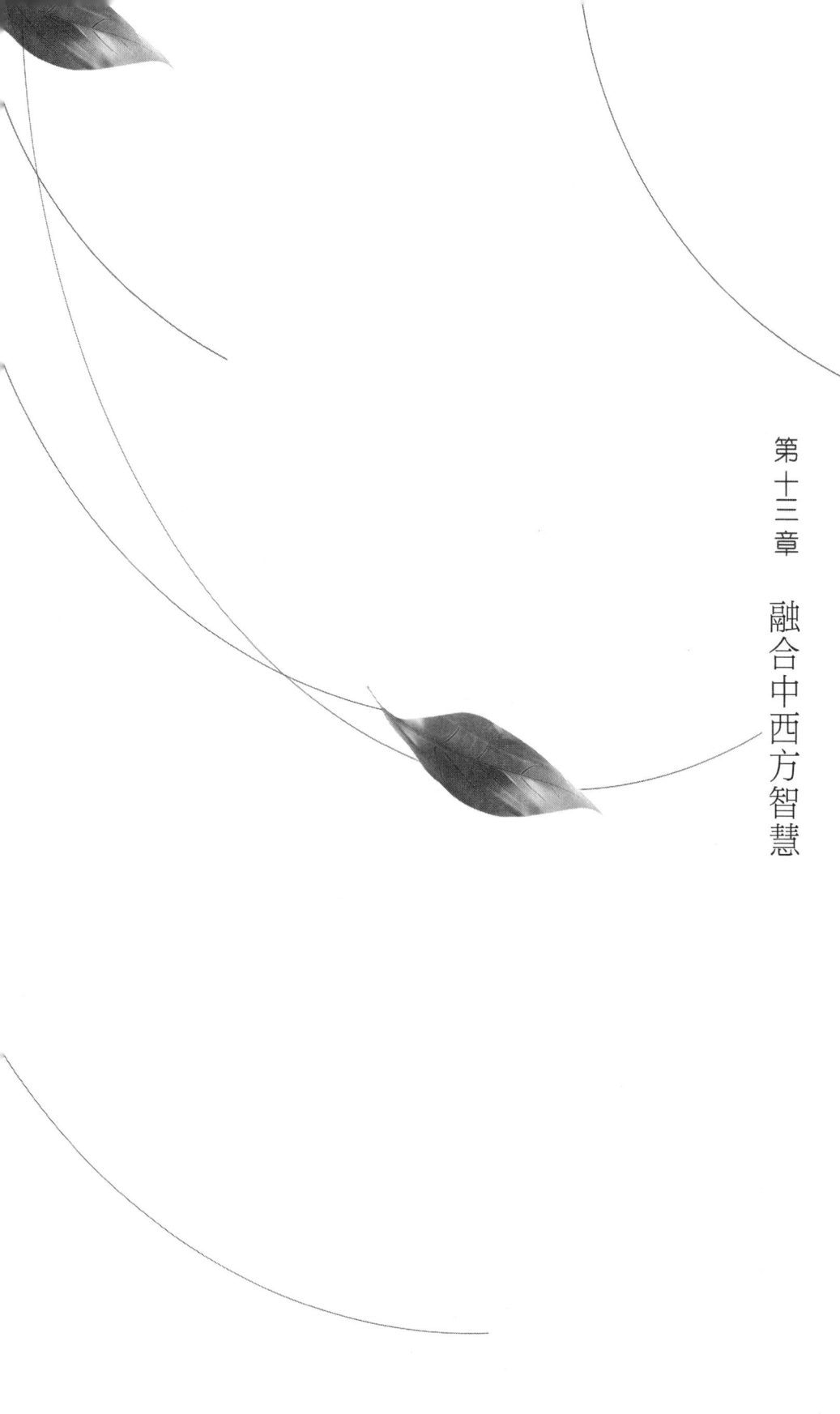

第十三章 融合中西方智慧

前面的章节已经介绍了爱的语言的核心、四要素、沟通心态和技巧，以及处理冲突的方法。本章将介绍两种不同的生活态度，以及面对价值观的冲突，如何促进关系的和谐。

两种价值观

通过比较学习中西方文化，我发现有两种不同的价值观。一种价值观认为，人应该遵循自己内在的趋势，不断地去实现自我；另一种价值观认为，人应该遵循自己内在的趋势，不断地完善自我，并为家庭、社会做贡献。前者就是西方个人主义价值观，后者是我们传统的主张修身、齐家、治国、平天下的价值观。两者的差别不在于前者主张自我实现，后者反对自我实现，恰恰相反，两者都主张自我实现。只是前者不预设立场，认为人应当跟着感觉走；而后者认为，人应当重情重义，只有这样的人生，才是符合人性的人生。

在《论人的成长》中，卡尔·罗杰斯谈到他和他妻子的关系。下面的内容摘自这本书的不同章节：

- 大学两年后，我与海伦分隔两地，但这场恋爱持续了两年，在这两年间我们交流很频繁。两年后，我们结婚了。现在回头看来，我意识到，我和她的沟通是我经历过的第一次包含真正关心、亲近和分享的关系。这段关系对我来说意味着全部。

- 当海伦——我的妻子——生病的时候,作为一名全天候护士、管家,非常受欢迎的专业人士、作家,我已经接近崩溃的边缘,因此我寻求一位治疗师朋友的帮助,并且得到了帮助。我摸索和尝试满足自己的需要。我考察了这段时间的经历给我们的婚姻带来的压力。我意识到,我必须过自己的生活,而且这是首要的事情,虽然海伦病得很重。

- 她在恢复更加正常的生活的过程中取得了巨大进步,而这经常是靠其绝对的意志力。这一点对她来说并不容易。她首先得选择是否还想继续生活,生活是否还有目标。然后我自己的独立生活的现实阻碍和伤害了她。她病得那么重,我感觉,我们两个近距离的相处变成了我沉重的包袱,她对照顾的需要又加重了这个包袱。所以我决定,为了我自己的生存,我要过自己的生活。她经常被这个决定深深伤害,也被我价值观的改变伤害。而她那边,她放弃了作为支持性的家庭主妇的旧模式。这个改变使她接触到对我,以及对社会的愤怒。这愤怒来自我们赋予她的社会认可的这个角色。对我来说,我会对任何将我们两人带回近距离接触的举动表示愤怒;我固执地抵制任何看起来像是控制的东西。因此,这段时间,我们关系中出现的紧张和困难比任何时候都要多。

- 在这一章中,我提到过在最后这些年中,我们两人的距离变得越来越远了。我想照顾她,但是我不确定我还爱着她。某一天,在她濒临死亡时,我的内心非常抓狂,而且我完全不知道抓狂的原因。当我像往常一样去医院给她喂晚饭时,我对她说出有多么爱她,她对我的生命有多么重要,她给我们的长期关系带来了多大的正面影响。我觉得我曾经告诉她这些话,但是那天晚上的话最有影响力,也最真诚。我告诉她,她不需要带着义务地活着,跟她家人在一起也挺好,她可以按照自己的意愿自由选择是否离去。

当我和朋友们一起学习《论人的成长》这本书的时候,有几位朋友对卡尔·罗杰斯对病重的妻子的态度感到很反感,有的人甚至有点愤怒。我对他们说,你们这么看,是受了我们传统价值观的影响,认为卡尔·罗杰斯应当尽心尽力地照顾他的妻子。但从卡尔·罗杰斯对生活的理解来说,他这么选择才是合情合理的。他在书中还谈道:

……渐渐地,我发现活着的含义包括把握机会、做一些不确定的事情,以及应对生活。

这些都带来了改变,而对我来说,这种改变的过程就是生命。我意识到,如果我很稳定、保持不变、静止不动,那么对我来说就是生不如死。

也就是说,对于卡尔·罗杰斯来说,生命意味着丰富自己的体验。我认为这也是为什么他说"我必须过自己的生活,而且这是首要的事情,虽然海伦病得很重"。而他这样的选择正体现了西方的个人主义价值观。

在共读《论人的成长》的时候,也有个别的人表达了对卡尔·罗杰斯的欣赏,认为他很有勇气,敢于做自己。但总的来说,大部分人都不欣赏卡尔·罗杰斯对妻子的态度。这说明,尽管我们的社会深受西方价值观的影响,但人们还是普遍看重情义。而那些欣赏卡尔·罗杰斯的人,在生活中未必就能像他那样去做自己真正想做的事情,而这可能也是他们会欣赏他的原因。

然而,这并不意味着现代中国人更倾向于传统价值观。我们的生活同时受到这两种人生观的影响。和"重情义"一样,"做自己"也成了一种流行的社会观念。对于卡尔·罗杰斯来说,他面临的是一个特殊的情形:他的妻子对他的帮助很大,按他自己的话来说,"这段关系对我来说,意味着全部"。如果他们之前的关系本来就一般,或者他的妻子的形象没有那么正面,我相信,肯定卡尔·罗杰斯的选择的人就会多起来,对他的选择感到反感的人则会减少,反感的程度也会降低。

兼收并蓄,做更好的自己

一个社会流行什么思想,和人的需要有关。传统价值观到今天仍然能够深刻地影响我们的社会,很重要的一个原因是"重情义"仍然符合人们的心理需要。同样的,西方个人主义价值观的流行,也和人们渴望"做自己"有关。事实上,西方个人主义价值观的流行和传统价值观在实践中的困难是密切相关的。

传统价值观对一个人如何处理人际关系给予了比较明确的指导。如《大学》讲道:"为人君,止于仁;为人臣,止于敬;为人子,止于孝;为人父,止于慈;与国人交,止于信。"这里面有两个问题。一个问题是,如果没有相应的思想感情,照着传统价值观去生活,容易感到压抑。另一个问题是,传统价值观对关系的双方都提了要求,在缺乏共识的情况下,实践传统价值观的一方可能就会由于得不到对方的支持,而难以为继。我们的传统以舜为榜样。舜的父亲、继母和兄弟都要害他,他还能够去爱他们。以舜为榜样,既鼓舞人，也容易给人压力。在这样的背景下，西方个人主义价值观主张我们要关注自己真实的感受、真实的渴望，对许多人自然就会很有号召力。而且，它还可能会带来很积极的影响，比如，有的人发现自己的生活又有了活力，或得到喘息的机会，等等。

就我自己的经历而言，我同时受益于这两种价值观。我发现它们在我的生活中很好地融合在一起。在接触非暴力沟通之前，虽然我也是按着自己的意愿选择生活，但并没有密切关注自己复杂的情感，以及它们背后的信息。接触非暴力沟通后，我开始密切关注自己的感受和需要，希望能够从自己内心真正的热情出发去生活。从2005年底开始，有约10年的时间，非暴力沟通主导了我的生活。由于非暴力沟通是以个人主义为基础的，这个时期，西方个人主义价值观也就主导了我的生活。在这个时期，我确实感受到自己的内心自由了。后来，随着我对传统文化学习的深入，我发现我更倾向于传统文化所讲的有情有义的人生。与非暴力沟通所讲的普世的爱相比，传统文化讲的是具有远近亲疏的爱，比如它强调家庭观念、国家观念等。我觉得这样的人生态度才是真正重情的，有滋味的，以及合乎人性的。如果一个人不爱自己的家庭，不爱自己生活的地方和周围的人们，这样的生活有什么意思呢？我过去喜欢西方传播来的思想，我敬重的师长大多生活在国外，我的心态是仰视西方的，和自己所站立的土地有一种疏离感。自从我开始热爱传统中国人的人生哲学，我再看身边的普通人，我对他们的感情和敬意都加深了。因为他们也深受这样的传统的影响，他们的内心也有着我所欣赏的思想和感情。我的心定了，又扎根在了自己生活的土地上。

这样，经由西方个人主义价值观，我又回到了传统价值观。但由于有非暴力沟通这一段的经历，我会既避免用传统价值观压迫自己，又重视传统价值观反映的人性的需要。这使我的生活更加真实、更加自然。所以,根据我的经验,我认为对于这两种价值观,我们可以兼收并蓄,发挥它们各自的长处,来使我们成为更好的自己。

实现更深的和谐

价值观的和谐是一段关系和谐的基础。今天,与家庭成员的价值观冲突是许多人需要面对的问题。虽然家庭成员之间一般都有着深厚的感情,但如果我们不认同对方的生活态度,双方的关系难免就会隔着一层,甚至还会出现尖锐的矛盾。反之,如果我们能够对对方的价值观多一些欣赏和尊重,那么,双方的关系就可以得到改善。

有个朋友谈到他和父亲关系的几次变化。他回忆说:

在上大学以前,我和父亲的关系还是比较融洽的。但谁能想到,在我刚刚上了大学后没过几个月,我们的关系就急剧恶化。1988年的大学宿舍中,四处回响着"我是一匹来自北方的狼""大约在冬季",同学们的书架上是叔本华、梭罗、弗洛姆,我一下子接触到自己过去从未关注过的许多思想。我陷入了对人生意义的混乱思索中。那时,与家人完全靠写信交流,我在一封信中向父亲表达了我的困扰:"人生可以有那么多道路供选择,每条道路都有各自的魅力。但只要你选择了其中一个,就没有机会再体验其他的人生,实在是非常遗憾……"父亲来信教训我说:"怎么会有这样荒唐的想法!你的意思是,一个人若选择做了好人,就没有机会做坏人了,所以遗憾?!你不珍惜大好的学习机会,浪费时间想这些乱七八糟的事情……"我读了回信后很憋屈,心中对父亲满满的怨气。我们的书信交流也就此彻底中断了。

我后来的人生选择越来越偏离父亲对我的期待。在接下来的一二十年里,我们的关系常年保持着一种紧张感。我也进行了一些自我反省,甚至试图通过向父亲道歉来缓和关系。但在做一些重大的人生选择时,我又不能满足父亲的期待,结果是父亲对我更加失望和生气。关系最恶劣时,父亲根本不愿意见到我,拒绝我去看他们。我也同样怕见父亲。虽然住得很近,但有时几个月见不了一面,见面时也只能跟母亲说说话。父亲对我总是一脸愠色。

我一直对父亲有怨气,期待父亲可以理解甚至欣赏我的人生选择。2010 年左右,在非暴力沟通的启发下,我对父亲的态度有了一个重要的转折。现在,我终于将那强烈期待基本上放下了。因为,我意识到,父亲渴望我的生活能安全、稳定,焦虑的父亲无法肯定我、欣赏我。这样,我内心开始没有了对立的情绪,而努力向父亲证明自己实际上过得不错。恰巧那几年工作比较顺利,父亲看到我经济条件确实有好转,放心了很多。我们的关系也就有了明显改善。那时,我对这样的进展感到特别得意。我认为自己懂很多深奥的道理,把本来糟糕的父子关系圆满恢复了。而对父亲,我有着满满的优越感,有一种哄小孩儿的感觉。我觉得,父亲也有他自己的童年阴影,我要充分接纳他。

然而,世事难料,在最近几年,我对生活的理解又发生了很大的转变。我不仅推翻了自己原来强烈认同的一些思想,而且还转向了过去自己所批判的父亲的思想。比如,我不再看重那种放飞自我的"个人自由",而更加看重自己对家庭的责任、对社会的责任。现在,再听到父亲的批评时,我不仅不会感到憋屈,而且还会努力思考为什么父亲会那么看。我与父亲之间有了更多共同的价值观,更多共同的话题。我去看父母的次数越来越多,每次总有说不完的话。而父亲对我人生的期待,不但不再是包袱,而且还成了我前进的动力。父亲期待的不就是我人生真正的幸福吗?!首先,要让自己的身体健健康康;然后,是让自己的小家庭和睦;再进一步,把孩子培养好,让孩子成为社会的有用之材。如果能做到这些,那我与父亲的关系可以算是真的圆满和谐了吧。

这位朋友为了追求自己看重的人生意义,大学时没有完成学业,工作后又放弃了外企工程师的工作。父亲对他的顾虑主要有两个方面:一是,生活没有着落;二是,思想比较偏激。到了中年以后,随着思想观念的转变,他才能够比较理解和接受父亲对自己的批评。同时,对父亲也多了由衷的敬意。这使他和父亲的关系变得真正亲密起来。

下面是一位妈妈谈到她和女儿关系的变化:

女儿从小体弱多病,基本上一个学期上不了几天课,经常会感冒,大部分时间都是在家自学。她的青春期也是我最痛苦、最抓心挠肝的无助期。那时候,我们母女的对话经常是这样的:
我:"你怎么还不睡,都几点了啊?"
女儿:"最近失眠了。"

我一听就急了,脱口而出说:"你的作息得调调啊,你不能白天睡觉,晚上又精神了,得适当地出去运动运动……"我振振有词地说着,结果发现女儿已经扭过头不搭理我了。这时,我意识到不大对,赶忙问:"为啥失眠啊?"女儿说:"没事。"然后,她就不再说什么了。

这样的对话多了,渐渐地,女儿越来越少跟我交流了。

这时,我到北京参加了阮老师的非暴力沟通工作坊,然后持续地学习非暴力沟通大约有三年的时间。非暴力沟通让我更容易理解自己、理解他人,提高了我的倾听和表达能力,我和女儿的关系也得到了改善。

记得有一次,我头一天晚上和女儿约好第二天早上按照已经定好的计划学习。结果,我中午下班后发现女儿还在睡。当时,我有点生气,就去叫她起床,结果她反而翻了个身嘟囔道:"你烦不烦啊?我昨晚没睡好,起不来。"

我一听更来气了,从她昨晚躺下到现在都十几个小时了,她还没睡好?我正想掀被子叫她起床,突然意识到自己情绪有点大。我心想,不行,如果按照以往的习惯把她叫起来,我俩准杠起来,她也未必能明白我的心,反而让我俩再次陷入僵局。于是,我退出女儿的房间。我在厨房一边洗菜一边梳理自己的情绪:我希望女儿能够有个良好的生活习惯,并且自律,遵守承诺。女儿说她昨晚没睡好,到底怎么了?想到这里,我安静下来,既然已经到了这个时间了,也不急这一会儿,于是我开始专心做饭。饭快做好的时候我去叫女儿起床:"宝贝儿,饭已经做好了,现在可以起床了吧?"也许听到我的语气比较平静,女儿应了一声,很快起床洗漱去吃饭。

吃饭的时候我问:"宝贝儿,听你说你没睡好,昨晚怎么了?"

沉默了片刻后,女儿跟我说,她昨晚喝了一罐牛奶,结果闹肚子了,夜里起来好几趟,基本没睡。等我上班后,她才迷迷糊糊睡着了。

听到这里,我松了口气,我和她说:"原来是这样啊。妈妈不知道这个情况,回家发现你没按照计划起床学习,心里是有些失望的,再听到你说'你烦不烦啊',我有些生气,我希望你能好好跟我说话,也希望你有一个好的生活习惯并按计划学习。"当时,女儿听完没有再说什么,我们娘俩继续吃饭,只是能感觉到餐厅的气氛变得和谐平静。吃完饭后,孩子主动完成了原定上午完成的学习任务。

我改变了自己以往强势的态度,没有再去勉强孩子,而只是单纯地表达自己,却收到了良好的效果。这样的一些经历让我对生活再次充满了希望,并更加注意自己与女儿互动的方式。

后来,女儿在回顾我们生活的变化时说:

"在对待与我的关系上,妈妈作出了一个看似消极的选择。看起来她没有对我进行任何干预,没有尝试沟通或谈心。表面来看,她甚至疏远了与我的关系。在我的感受中,她像是从我的人生中退后了。她留了一段相当宽松的距离,把全部的时间、空间和主动权都交给了我。虽然有些不愿承认,但我显然就吃这一套。

时至今日,我想很少有其他的母女,能拥有像我们这样融洽的关系了。如果你要问我,我们的关系真的好到没有一点问题了吗?我想是的。尽管有时我们会有一些小矛盾,在矛盾爆发时,我们都对彼此咬牙切齿,但通常在很短的时间后,当我们再次提起它时，当初激烈的情绪早已消散。我们彼此也都经过换位思考，真正地理解了对方。于是，我们会不约而同地向对方表达理解与歉意。这些矛盾不会给我们的关系留下丝毫裂痕。所以，我想，这样的矛盾对我们来说根本不算是什么问题。"

孩子看重独立、空间和父母渴望尊重、配合，是现代生活中比较突出的一对矛盾。在前面的第一个例子中，孩子的思想发生转变后，和父亲重新亲近起来；在第二个例子中，母亲通过转变自己的态度，和孩子重新亲密起来。对一个家庭来说，这样的变化无疑具有重大的意义。

一个人的价值观和他的成长经历、生活环境以及年龄阶段都有很大的关系。当我们拥有某种强烈的价值观时，我们通常会觉得自己是对的，而与我们观点不一致的人是错的。如果矛盾的双方都是这样的态度，就容易对立起来。面对价值观的冲突，我们越是能够搁置成见，与他人达成共识，或尊重他人的选择，就越有望建立更和谐的关系。

小结

我们的生活同时深受两种价值观的影响：西方个人主义价值观和中国传统价值观。对于这两种价值观，我们可以兼收并蓄，发挥它们各自的长处，来促进我们的成长。价值观的和谐是一段关系和谐的基础。面对价值观的冲突，我们越是能够与他人达成共识，或尊重他人的选择，双方也就越有可能建立更和谐的关系。

附录一：爱的语言模式

目的:知己知彼,实现和谐		
基础:四个要素		
核心:爱人、敬人		
沟通中的三种选择		
体会自己 （了解自己的真实情况）	诚恳地表达自己 （运用四要素表达自己）	关切地倾听他人 （运用四要素体会他人）
事实 （当我看到、听到、想到……） 情感 （我感到……） 愿望 （我需要或看重……） 请求 （我想请自己或你……）	事实 （当我看到、听到、想到……） 情感 （我感到……） 愿望 （我需要或看重……） 请求 （我想请你……）	事实 （当你看到、听到、想到……） 情感 （你感到……） 愿望 （你需要或看重……） 请求 （你想请我或自己……）

说明：

1. 爱的语言是一种以事实、情感、愿望、请求四个要素为基础，帮助人们知己知彼,实现和谐的沟通方式。
2. 在沟通时,我们可以选择体会自己、诚恳地表达自己或关切地倾听他人。
3. 在关注情感、愿望时,可参考爱的语言词汇表。

附录二：爱的语言词汇表

运用爱的语言，需要熟悉情感词汇表和常见愿望词汇表。学习者可以以下面的表格作为基础，建立自己的词汇表。

情感词汇表							
愉快的感觉				不愉快的感觉			
喜悦	快乐	开心	舒心	沮丧	灰心	消沉	沉重
欣喜	惊喜	惬意	畅快	伤心	悲伤	心凉	心累
自在	自由	放松	轻松	害怕	恐惧	紧张	担心
安心	踏实	放心	平静	焦虑	着急	慌乱	绝望
温暖	温馨	感激	感动	麻木	迷茫	烦躁	不耐烦
欣慰	宽慰	鼓舞	振作	郁闷	苦恼	气愤	生气
幸福	满足	甜蜜	舒畅	不安	纠结	反感	厌烦
坦然	舒展	兴奋	庆幸	内疚	惭愧	尴尬	不情愿
自豪	期待			嫉妒	抓狂	失望	委屈
				震惊	遗憾	懊恼	无奈
				无力	无助	孤单	
常见愿望词汇表 （我们一般都有的一些愿望）							
运动　休息　睡眠　健康　安全　劳逸结合 情意相通　和谐　家庭和睦　情义　友谊　亲密关系　归属感 诚实　坦诚的交流　信任　倾听　理解　接纳 原谅　包容　欣赏　肯定　尊重　支持　效率 配合　合作　体贴　关心　陪伴　平静　放松　轻松　心安 玩耍　欢笑　乐趣　自由　洞察力　创新　突破 信心　勇气　力量　开放的心态　学习　成长　自我了解　自我接纳 自主　自立　自律　空间　方向感　生活的意义　自我价值							

后 记

本书能够出版需要感谢许许多多的人。

首先,我要感谢那些传递传统文化的火炬的人们。像王岚、英巍两位老师整理的张居正的《四书直解》,对我们工作的帮助就极大。

其次,我要感谢我的非暴力沟通的老师们,特别是卢森堡博士和吕靖安老师。我不仅从他们那里学到了如何更好地体会自己和他人的内心世界,更好地表达和倾听,而且还学习了如何带领体验式工作坊。

第三,我还要感谢许多朋友对我的工作的支持。特别是高峥、蔡骊、陈萍萍、梁伟明、李秋英、张继莲、冯敏、傅旭欣、许晓雷、文孝华、姚向辉、李菊芳、李军、丁西玲、邓仁水、邱惠玉、王亚东、魏航、赵宇进、黄成、黄雁、田立威、丁茜、冯燕、揭小黎、欧阳剑、张海成、易志军等,为我的工作提供了重要的帮助。

此外,我还特别感谢许多朋友慷慨地同意我在书中分享他们的经历。他们包括梅蓓、蒙洁、杨阳、范伟、娄宏伟、阎美静、曲云霞、董欢秋、李科炜、李苏萍、李凤艳、王继红、郭耀红、汪清、胡颖、裘肖丽、张敏、刘畅、怡然、程子、黄英、包志亮、邓俊萍、付苏、丛旻、周爱军、夏静……

最后,我想要感谢冯敏和江苏凤凰教育出版社的丁金芳、张金风、段晗胭等同志。在他们的大力支持下,本书得到了高质量的编辑和高效率的出版。

阮胤华

2024 年 9 月